art de cuisine

Matthias Kaiser

DER EICHSFELD REPORT

Außergewöhnliche Einblicke in die Bewirtungskultur einer unbeugsamen Region

VERLAG ART DE CUISINE · ERFURT 2009

Dieses Buch entstand aus einer Artikelserie für die
Wochenendbeilagen der TA, TLZ und OTZ
Texte: Matthias Kaiser, Erfurt
Fotografie: Matthias Kaiser, Erfurt (183); Marcel Mende, Dingelstedt (96)
Karikaturen: © Nel, Erfurt (4), © Behrnau, Erfurt (1)
Gesamtgestaltung: Gerd Haubner, Erfurt
Schriften: Caslon BE und Big Caslon
Papier: LuxoSatin 170 g/m²
Herstellung: Druckhaus Gera GmbH

ISBN 978-3-9811537-3-6
Printed in Germany

Inhalt

Blick auf die St.-Martins-Kirche in Mackenrode

Vorwort

Wer kennt ihn nicht, Thüringens Gourmet-Papst und Spitzenkoch Nr. 1 Matthias Kaiser! Er war wieder »on tour« und hat diesmal den Eichsfeldern in die Töpfe und Pfannen geschaut. Mit viel Humor, aber auch mit spitzer Feder, serviert er den Leserinnen und Lesern ein wundervolles, schmackhaftes Menü aus Geschichte und Geschichten.
Wie auf jedem seiner lukullischen Streifzüge hat Matthias Kaiser wieder zahlreiche Orte und Einkehrmöglichkeiten besucht: angefangen beim traditionsreichen Wirtshaus bis hin zum luxuriösen Wellness Hotel. Und doch war diese kulinarische Entdeckungsreise etwas ganz Besonderes für den gebürtigen Mühlhäuser: So manche Erinnerung kam auf, als er Orte aufsuchte, an denen er sich als Kind – wie er selber sagt – pudelwohl gefühlt hat.
Der Eichsfeld-Report erzählt hautnah von diesen und anderen Begegnungen. Er stellt Menschen, Zutaten und regionale Gerichte vor, illustriert von stimmungsvollen Farbfotos und gespickt mit Wissenswertem über Landschaft, Kultur und Brauchtum.
Das Fazit von Matthias Kaiser: Das Eichsfeld ist ein außergewöhnlicher Landstrich in Thüringen. Hier gibt es noch Traditionen, die woanders längst vergessen sind. Niemals haben sich hier die Menschen verbiegen lassen. Die Eichsfelder sind geradlinig, manchmal etwas wortkarg, aber stets treu zu sich selbst. Und wissen, wie man Feste feiert!
Gerne empfehle ich diesen Eichsfeld-Report weiter. Es ist ein interessantes Buch über Besonderheiten und Vorzüge meiner Heimat. Und es ist ein Muss für Kochkünstler und Genießer, für Wissenshungrige und Reiselustige.
Mein Dank an Matthias Kaiser für seine gelungenen Recherchen. Allen Leserinnen und Lesern viel Freude mit diesem prächtigen Bild- und Leseband.

Erfurt, im September 2009

Dieter Althaus
THÜRINGER MINISTERPRÄSIDENT

Matthias & Marcel

Gemeinsam mit dem Eichsfelder Marcel Mende erkundete ich seine Thüringer Heimatregion. Seine Ortskunde trug maßgeblich zum

Blick ins Eichsfeld

Gelingen dieses Buches bei. Marcels Fotografien sind nicht nur optische Leckerbissen, sondern auch ein Bekenntnis zu seiner Heimat.

Ich kann machen, was ich will: Liegt es an einer mehrjährigen Abstinenz oder an der Tatsache, dass ich zu altern beginne. Jedenfalls beschlich mich auf meinen eichsfeldischen Exkursionen von Anfang an das beunruhigende Gefühl, ein Territorium zu bereisen, bei dem ich mich für vieles zu entschuldigen habe. Natürlich war mir bewusst, dass das Eichsfeld mich nicht sofort mit offenen Armen empfangen wird. Die Menschen dort sind für ihre Zurückhaltung gegenüber Fremden bekannt und legen ihre Reize nicht wie Gastgeschenke gleich jedem Fremden vor die Füße. Die Frage jedoch ist: Bin ich im Eichsfeld ein Fremder und verdiene ich überhaupt ein offenherziges Willkommen?

Zwischen Déjà vu und Wirklichkeit

Das Eichsfeld

Allein räumlich betrachtet, bin ich als nur wenige Kilometer entfernt aufgewachsener Mühlhäuser ein Grenzfall. Die Liebe zum Eichsfeld wurde uns Flachländern nicht in die Wiege gelegt. Trotzdem lernte ich in meiner Kindheit und Jugend etliche Eichsfelder schätzen, mit einigen verbinden mich seit Jahrzehnten sogar tiefe Freundschaften und das, wie schon angedeutet, obwohl zahlreiche gutmeinende »Onkel« und »Tanten« aus unserer evangelischen Pfarrgemeinde mir von Kindesbeinen einbläuten, man sollte dem katholischen Eichsfeld auch gut 350 Jahre nach dem Dreißigjährigen Krieg noch immer mit kritischer Distanz begegnen.

Plötzlich entwickelte sich also die banale Bereisung einer deutschen Kulturlandschaft zur Aufarbeitung eines kindlichen Traumas, das sicherlich kein Einzelfall ist. Außerdem beschlichen mich Schuldgefühle, denn viele dieser einstigen Freundschaften habe ich vernachlässigt und sie verkümmerten unter dem Deckmantel von Zeit- und Termindruck wie das Usambaraveilchen meiner Großmutter Nelly, um das sich nach ihrem Tode niemand mehr richtig kümmerte.
Als ich meine Selbstzweifel meinem Freund und Obertester Siggi während der Fahrt zu einem Restauranttest erklären wollte, verwies er mich in seiner abgeklärten, manchmal vielleicht etwas burschikosen Betrachtungsweise auf den Umstand, dass solch menschliches Fehlverhalten vielleicht als Äquivalent für die Vorteile der Globalisierung billigend in Kauf genommen werden müsste. Wo die Politik daran zimmert, die Lebensumstände vieler Menschen auf ein für alle gleiches Maß herunterzuhobeln, fielen eben auch schon mal ganz persönliche Späne.
Leider konnten mich seine weltmännischen Erkenntnisse nicht trösten und mir war bewusst, dass meine Schuldgefühle gegenüber dem Eichsfeld keinesfalls durch globale Denkansätze gemildert würden. Alle weiteren Überlegungen endeten schließlich in dem Entschluss, das Eichsfeld wie ein fremdes Land zu bereisen, zu dem man seit Jahren Brieffreundschaften pflegt. Nur vor Ort würde das Gefühl der Entfremdung weichen.
Doch – wo beginnt das Eichsfeld und wo endet es? Geografisch besehen eine leicht zu beantwortende Frage, philosophisch betrachtet ein Lexikon von Halbwahrheiten, Vorurteilen und romantischen Verklärungen. Das Eichsfeld ist eine vorwiegend von gläubigen Katholiken bewohnte historische Landschaft zwischen dem südöstlichen Niedersachsen und dem nordwestlichen Thüringen, in dem sich Traditionen bewahrt haben, die in anderen deutschen Regionen längst in Vergessenheit geraten sind. Viele Jahrhunderte vom Erzbistum Mainz verwaltet, manövrierten die einst mächtigen Bischöfe das

Landschaft unter der Burg Gleichenstein

Der erstmalig 1351 urkundlich erwähnte Hülfenberg bei Geismar – bedeutendster eichsfeldischer Wallfahrtsort – in einer historischen Darstellung.

Eichsfeld dabei in eine politische Insellage, über die Stürme europäischen Ausmaßes hinwegfegten, die von den Eichsfeldern mit einer Gelassenheit abgefedert wurden wie Schlaglöcher von guten Stoßdämpfern. Eine Gnade, die an eine gesunde Verdauung erinnert und den Menschen dieser Region zu hoher mentaler Stärke verhalf. Leider werten noch heute Außenstehende diesen Wesenzug entweder als Arroganz oder als grenzenlose Borniertheit. Eine Fehleinschätzung, die solchen Irrgläubigen seit Generationen bei gegenseitigen Geschäften nicht selten viel Geld gekostet hat. Nicht, dass der Eichsfelder es darauf anlegen würde, jemanden übers Ohr zu hauen, hat er sich jedoch neben seiner scheinbaren Unbekümmertheit auch das Gefühl bewahrt, sein Geschäftsleben so weit als möglich gewinnorientiert zu ordnen, dass er davon leben kann. Wobei sicherlich auch die nachträgliche Absolution während einer Beichte für mentale Stärke sorgt. Geschichtliche, wirtschaftliche und kulturelle Erkenntnisse, die mich übrigens in ihrer Vielfalt an das ebenfalls immer ab-

Straße nach Martinfeld

Panoramablick vom Hahnstein

seits liegende Südtirol erinnern. Auch dort haben sich die Bewohner eine Eigenständigkeit bewahrt, die schon fast an Starrsinn erinnert. Sogar topografisch verbinden beide Regionen einige Gemeinsamkeiten. Ich möchte damit weniger die mickrigen 1.540 Quadratkilometer Eichsfelder Land ansprechen, die sich gegenüber dem fünfmal größeren Südtirol wie ein Zwergenstaat ausnehmen, als die Tatsache, dass sowohl das Eichsfeld wie auch Südtirol geologisch betrachtet auf sogenannten Hochplateaus liegen. Wenn auch mit gravierenden Höhenunterschieden. Diese von spröder Rauheit geprägten

Landschaften sind als kleinster gemeinsamer Nenner zu werten, wie die gleichermaßen vorhandenen fruchtbaren Niederungen, in denen teilweise paradiesische Zustände herrschen. So zum Beispiel rund um das untereichsfeldische Duderstadt, wo die lößhaltigen fetten Böden der »Goldenen Mark« seit Jahrhunderten für überdurchschnittlich soliden bäuerlichen Wohlstand sorgen. Weitere topografische Gegenüberstellungen verbieten sich hingegen aus Selbstschutz. Was sind schon die 543 Meter der Gobert, der höchsten Erhebung des Eichsfeldes, gegenüber der imposanten alpenländischen Kulisse Südtirols. Denn nur historisch betrachtet, driften die Regionen auffallend auseinander. Während das im

Männerwallfahrt 2009 im Klüschen Hagis

Jahre 897 erstmals urkundlich erwähnte Eichsfeld »nur« die Auswirkunkungen von Bauernkrieg und Dreißigjährigem Krieg sowie die Folgen der beiden Weltkriege zu verkraften hatte, sonst aber weitgehend von Erbfolge- und ähnlichen kriegerischen Auseinandersetzungen verschont blieb, war Südtirol mehrmals in seiner Geschichte beliebter Aufmarschplatz fremder Mächte, die sich dieses strategisch bedeutende Gebiet unter den Nagel reißen wollten und richteten damit übrigens ein völkerrechtliches Chaos an, das bis weit ins 20. Jahrhundert für Kummer und Leid sorgte. Negativer Höhepunkt waren ohne Frage die Bombenanschläge des »Beifreiungsausschusses Südtirol«, die das Land mit terroristischen Anschlägen bis ins Mark erschütterten.Vergleichbare separatistische Bestrebungen sind den Eichsfeldern fremd. Aus welchen Gründen auch immer wurde und wird immer noch versucht, sie zu diffamieren. Einen ausgeprägten Hang zur Gewalttätigkeit kann ihnen selbst der ärgste Feind nicht nachsagen. Doch neben vielen anderen Kleinigkeiten besteht zwischen beiden Volksgruppen eine Übereinstimmung, die durch ihre mathematische Präzision verblüfft. Beide, sowohl die Eichsfelder als auch die Südtiroler, sind nämlich keine handküsschenverteilenden Schmusetypen, sondern wortkarge Zeitgenossen ohne Hang zu überflüssiger Konversation. Im Umgang mit Fremden zelebrieren sie eine dermaßen

Blick auf Ascherode

Barocke Wallfahrtskirche und Konrad-Martin-Kreuz im Klüsche Hagis

aufreizende Distanz, dass sich dagegen die sprichwörtliche norddeutsche Reserviertheit wie der Freudentaumel italienischer Tifosi ausnimmt. Auf Anhieb das volle Vertrauen eines Eichsfelders oder auch Südtirolers zu gewinnen, gestaltet sich als weitaus komplizierter, als einen der zahlreichen Hammelböcke zu melken, die sich auf einer der sanften Eichsfelder Minialmen der Schlachtreife entgegenweiden. Ein Phänomen, das schon Heinrich Heine kolportierte und das auch in der jüngsten Geschichte eher verstärkt als gemildert wurde. Denn den Eichsfeldern – und hier spreche ich vor allem jene an, die auf dem Gebiet der DDR beheimatet waren – lud die Diktatur des Proletariats eine historische Bürde auf, die noch viele Jahre benötigen wird, um sie völlig abzuschütteln. Sie wurden mit dem Makel der Anonymität bestraft und viele Thüringer Nicht-Eichsfelder haben bis heute noch niemals diesen Teil ihrer Heimat besucht. Die Genossen versuchten, das Eichsfeld wegen seiner grenzüberschreitenden Lage als Bollwerk am Eisernen Vorhang aus dem kollektiven Bewusstsein der übrigen DDR zu löschen. Ja, man entwarf dafür sogar Potemkinsche Landkarten, bei denen weder Namen der Orte, noch deren geografische Lage, den tatsächlichen Gegebenheiten entsprachen.

Vierzehn-Nothelfer-Kapelle bei Steinhagen

Im Gegenzug versuchten sie, die Eichsfelder mit besonderen Kontingenten und glaubensfreiheitlichen Privilegien zu entschädigen, was ihnen aber nur in Ausnahmefällen gelang. Denn neben seiner Sprödigkeit und der grenzenlosen Liebe zu Schmand und Feldgieker, hat sich der Eichsfelder eines auf alle Fälle bewahrt: die Treue zu sich selbst.

In der Vierzehn-Nothelfer-Kapelle bei Steinhagen

Nachdem ich mittlerweile auf meinem Streifzug durchs Eichsfeld die ersten gastlichen Pfade beschritten und in den ersten Küchen Verwirrung gestiftet habe, beginne ich nun damit, meine Erlebnisse scheibchenweise zu tranchieren, um sie Ihnen auf einem dick mit Schmand bestrichenen Bauernbrot aus einem der zahlreichen immer noch intakten und genutzten Holzbacköfen zu servieren. Ohne Schmand läuft im Eichsfeld nämlich rein gar nichts. Er ist der Schmierstoff, ohne dessen Hilfe der Eichsfelder sicherlich auf dem Weg in die Gegenwart körperlich und geistig verkümmert wäre. Genutzt als Hausmittelchen bei der Behandlung von Husten, Heiserkeit, Schüttelfrost, Liebeskummer oder Depressionen wurde er zu DDR-Zeiten sogar als Ersatzwährung gehandelt. Der Schmand ist also für den Eichsfelder genauso unverzichtbar, wie ihr katholisches Gesangbuch »Gotteslob«, das er sich mindestens dreimal in der Woche unter den Arm klemmt, um während der heiligen Messe um Verzeihung für seine Schlitzohrigkeit zu bitten.

Denn mit derselben Beharrlichkeit, mit der er seinen Schmandkult betreibt, bemüht sich der Eichsfelder ständig um ein entspanntes Verhältnis zum Lieben Gott. Eine löbliche Einstellung, die nicht nur darin gipfelt, dass bei den sagenumwobenen Eichsfelder Schlachtefesten für den Dorfpfarrer noch immer ein Ehrenplatz reserviert wird – und für seine Haushälterin mit kalorienreichem Manna (biblische Speise) gefüllte Tupperware bereit steht –, sondern vor allem, dass es trotz Gottesdiensten im öffentlich-rechtlichen Fernsehen noch immer jährlich Tausende Pilger von der Couch auf die Straßen hinauszieht, wo sie in endlosen Prozessionen ihr öffentliches Glaubensbekenntnis ablegen. Höhepunkt dieser körperkräftigenden und seelenreinigenden Exkursionen ist die alljährlich am Palmsonntag in Heiligenstadt zelebrierte Leidensprozession, die oft mehr als 20.000 Menschen vereint und als der größte religiöse Umzug seiner Art im gesamten deutschsprachigen Raum gilt. Um die Sache abzurunden, noch einige Anmerkungen:

Wie in fast allen Regionen der Welt, ist das Leben auf dem Eichsfeld seit Jahrhunderten strengen Regeln unterworfen. Während sich jedoch – bedauerlicherweise auch in Deutschland – immer weniger Menschen an diese halten, wäre ein Leben auf dem Eichsfeld ohne sie kaum vorstellbar, was wohl auch dazu führte, dass die Geschichte des Eichsfelds von bedeutenden anarchistischen Auswüchsen verschont blieb – ja, dass die Eichsfelder Ende der zwanziger/Anfang der dreißiger Jahre des vorigen Jahrhunderts gegen den allgemeinen Deutschland- und Thüringentrend wählten und mehrheitlich den braunen Kolonnen eine Abfuhr erteilten.

Auch nach der Wende pochte der Eichsfelder auf sein Recht, lieber aus der Bibel, als aus dem Kommunistischen Manifest zu zitieren. Also rundherum Friede, Freude, Eierkuchen im Lande der brüderlichen Eintracht?

Wo ohne Schmand nichts läuft 2

Das Eichsfeld

Keineswegs, denn besonders seine zurückhaltende Bedachtsamkeit gegenüber auswärtigen Menschen und deren Sitten und Gebräuche könnte selbst die Knie des frömmsten Eichsfelders beim Jüngsten Gericht zum Schlottern bringen. Natürlich sammeln die Eichsfelder fleißig Pluspunkte auf dem Weg zur ewigen Erlösung.

Darauf, dass die unvergleichlichen geschnitzten Altäre und Heiligenbildnisse des begnadeten Tilman Riemenschneider (um 1460 in Heiligenstadt geboren, gest. 7. Juli 1531 in Würzburg) jedoch allein ausreichen, um Generalabsolution einzufordern, würde ich angesichts der nun umfassend geschilderten Eichsfelder Mentalität nicht wetten.

Mit weiteren Kapazitäten im Range eines Riemenschneider können die Eichsfelder indes in der Breite nicht aufwarten. Meist waren es prominente Durchreisende, mit denen die Tourismusverbände der Region werben.

Voran der Dichter Theodor Storm, der 1856 im beschaulichen 5000-Seelen-Städtchen Heiligenstadt Einzug hielt, um die miserabel bezahlte Stelle eines preußischen Kreisrichters zu besetzen. Für ihn eine Frage des wirtschaftlichen Überlebens, nachdem seine dänische Anwaltszulassung nicht verlängert worden war. Er blieb bis 1864! Acht Jahre, die er hauptsächlich dazu nutzte, um im Kreise seiner Familie ein gottgefälliges Leben zu führen und sich literarisch zu vervollkommnen.

Unter Wahrung strengsten Stillschweigens hatte sich in Heiligenstadt übrigens drei Jahrzehnte zuvor Heinrich Heine taufen lassen, nachdem er zwei Jahre zuvor – ebenso klammheimlich – zum Christentum übergetreten war.

Die »Schuhe« müssen noch ausgezogen werden.

Kleine Beratung von Schlachtevater und -mutter Röhrig am Abend vor der Hausschlachtung. Nebenbei werden Fetthäute genäht und Wurstspeiler geschnitzt.

Regelmäßig auf Achse im Eichsfeld waren hingegen die Gebrüder Grimm, die besonders während ihrer Göttinger Zeit das Land zwischen Werra und Harz auf der Suche nach Sagen und Märchen durchstreiften. Nicht selten kehrten sie dabei in einer am Fuße der Burg gelegenen Herberge ein, die, ginge es nach ihrem Seniorwirt Klaus Röhrig, schon damals »Klausenhof« hieß. Ein sachlicher Fauxpas, der einzig den Zweck verfolgt, die Geschichte seiner Heimat historisch aufzupeppen.
Unterhalb der sagenumwobenen Burgruine gelegen, war sicherlich ein Gasthaus auch schon damals für seine deftigen Speisen und bequemen Betten landläufig bekannt. Für alle Geschichtsliebhaber flechte ich deshalb nach diesem Kapitel eine Episode ein, die ich vor fünf Jahren dort erlebte.

Mittlerweile verbindet die Kaisers mit den Röhrigs eine enge Freundschaft, eine Entwicklung, die ich zu Beginn unserer Bekanntschaft nie für möglich gehalten hätte. Zu sehr strapazierte Wirt Röhrig mein Nervenkostüm und torpedierte mein Ego mit eichsfeldischen Lehrsprüchen.
Doch der Reihe nach: Seit annähernd zwei Jahrzehnten wird das Gasthaus von der »Familie Röhrig« bewirtschaftet. Eine Konstellation, die Seniorchef Klaus bei jedem Statement – und von denen ist Presse, Funk und Fernsehen voll – besonders hervorhebt. Als nicht immer ganz pflegeleichtes gastronomisches Urgestein weiß er nämlich genau, dass er ohne die bedingungslose Gefolgschaft seiner liebenswerten Manuela und seiner beiden Söhne weder in der Lage wäre, den Habitus eines distinguierten Wirtes auszuleben, noch seine übersprudelnden Geistesblitze in die Tat umzusetzen. So ist es nicht verwunderlich, dass niemand vor zwei Jahren wirklich glaubte, dass er sich die täglichen Mühen mit seinem Sohn Martin teilen würde – sogar amtlich besiegelt – als GbR. Dieser Schritt war dringend erforderlich, denn an einigen Stellen seines thekengestählten und küchensturmerprobten Körpers beginnt so langsam der Zahn der Zeit zu nagen. Jungwirt Martin indes profitiert von den zugegebenermaßen oft recht eigenwilligen Ideen seines Altvorderen ebenso, wie der Tourismus in diesem Landstrich – nachhaltig.

Die Geburt eines Feldgiekers – auch ein kleiner erfreut des Metzgers Herz

Augenmaß und Handgewicht – Hausschlachter Jupp braucht keine Waage

Klaus Röhrig in Aktion

Längst ist die Zeit vorbei, als man sich im »Klausenhof« einzig auf die noch immer bewährten, nahezu authentischen Ritteressen, Familienfeste und ähnliche mittelalterlichen »Tafeleyen« verlässt, sondern man setzt verstärkt auf kundenorientierten Service und Qualität. Und noch immer pflegt der Klaus Grimmsche Traditionen, agiert als Märchenerzähler und »Goldeselmelker« und entführt seine Zuhörer in jenes feenumwobene Land der Phantasie, das Alt und Jung die Tränen der Rührung in die Augen treibt. Prunkstück seiner verwirklichten Illusionen jedoch ist ein in den letzten Jahren vis-a-vis dem Gasthaus entstandenes Wurst- und Hausschlachtemuseum.
Auch, wenn die Bürokratie immer wieder mal versucht, ihm Knüppel zwischen die Beine zu werfen, der Klaus wäre nicht der Klaus, wenn es ihm nicht gelänge, solchen Fallstricken auszuweichen. Dann verflucht er wohl die Überbleibsel der »preußischen Besatzung«, doch durch geschickte Umfirmierung und strikte Trennung vom Gasthausbetrieb erreicht er sein Ziel. Kurz: Sollte jemals der Gedanke aufkeimen, ein werbewirksames Eichsfelder Maskottchen zu kreieren, wäre der Klaus vom Klausenhof – neben dem Feldgieker – sicherlich allererste Wahl. Doch der Mensch lebt nicht vom Entertainment allein und die behaglichste historische Atmosphäre garantiert noch längst keinen wirtschaftlichen Erfolg.

Auch hier beweisen der Klaus und sein Sohn Martin einen schier unerschöpflichen Sinn für das Machbare. Sie wissen genau, dass die Eichsfelder Küche kein sprudelnder Quell ausgefeilter Delikatessen ist, sondern ihre Ursprünglichkeit mit nur wenigen handverlesenen regionalen Produkten darstellen kann.
Und die halten die beiden auch feil! Die Speiseangebote sind überschaubare und kompromisslose Fahrpläne durch die Essgewohnheiten des Eichsfelds. Schnörkellos, preiswert, unmissverständlich, appetitlich, satt machend, nahrhaft, volksnah . . . einfach unnachahmlich! So wie der Klaus halt ist.

Klausenhof

Klaus Röhrig & Martin Röhrig GbR
37318 Bornhagen
Tel. 03 60 81 - 6 14 22
Fax 03 60 81 - 6 77 21
www.klausenhof.de

Eisbein – »Saure Klebchen – klassisch«

Moderne Interpretation der »Sauren Klebchen« von Junior-Küchenchef Martin.

Ganz oben im nördlichsten Winkel Thüringens, dort, wo die Werra ins Eichsfeld springt, steht eine der eindrucksvollsten historischen Ruinen Mitteldeutschlands – die Burg Hanstein. Neuesten Erkenntnissen zufolge geht man davon aus, dass die Burg dort schon seit dem 9. Jahrhundert die aus dem Leinetal führende Geleitenstraße bewacht. Die erste sichere urkundliche Erwähnung aber geht auf das Jahr 1070 zurück, als Kaiser Heinrich IV. die damalige Burg des Grafen Otto von Northeim zerstörte. Im Jahr 1308 erhielten Heinrich und Lippold vom Mainzer Kurfürsten die Genehmigung, an dieser Stelle eine neue Burg zu errichten. Dort wohnten die Hansteiner bis ins 16. Jahrhundert und haben, nachdem ihnen ihr Stammsitz zu unbequem wurde und militärisch keine Sicherheit mehr bot, in der Umgebung neue Rittersitze erbaut.

»Mitten im Eichsfeld und du fluchst«, schimpfte ich mit mir selbst, lauschte in die frühmorgendliche Stille, besann mich aber rechtzeitig auf meine protestantische Erziehung und versuchte erneut einzuschlafen. Doch der fürchterliche Durst quälte mich weiter und ich blinzelte in die Runde, hielt Ausschau nach Trinkbarem, hörte aber nur die gleichmäßigen Atemzüge anderer Schläfer. Schon wollte ich mich trotz trockener Kehle wieder wohlig auf die Seite drehen, doch zum wiederholten Male musste ich ein lästiges Insekt von meiner Wange scheuchen. Noch ein Versuch und ich kuschelte mich unverdrossen in meinen Familienschlafsack und hörte wie das Stroh unter mir angenehm raschelte. Und ... wieder diese verd ... Fliege. Erbost, in meiner Ruhe schon wieder so aufdringlich gestört worden zu sein, öffnete ich nun vollends die Augen und ... fuhr erschrocken zurück, denn im Halbdunkel zeichnete sich die Silhouette eines über mich gebeugten Mannes ab, der mir mit einem Grashalm im Gesicht herumfuchtelte und mir andeutungsweise seinen Zeigefinger auf den Mund legte, um zu verhindern, dass ich lauthals zu schimpfen begann.

... und nahmen ein Frühstück, wo andere ein Jahr davon gezehret hätten

3

Bornhagen

Bewiesen ist auch, dass schon damals unterhalb der Burg eine Herberge den Fahrensleuten und Einheimischen ausgezeichnetes Quartier und beste Speisung bot: der Klausenhof. Sogar die Ritter von Hanstein, deren Wappen drei Halbmonde zieren, machten dort bei der Rückkehr von ihren Kreuzzügen erst einmal Rast, um gut gestärkt den Weg zu ihren sehnsüchtig wartenden Damen fortzusetzen.
Vielleicht kehrten sie aber auch nur ein, weil in diesem Wirtshaus schon damals die im Morgenland sehnlich vermissten Feldgieker und Stracke hingen, denn nirgendwo sonst reifen diese Kultwürste so gut wie in den lehmigen Reifekammern des Eichsfelds.
Diese Wände stehen noch immer und sind heute das Domizil eines der populärsten Gasthäuser Thüringens. Auch ich war dort.
»Herr Gott noch mal«, fuhr es mir durch den Kopf, »warum habe ich mir nur nicht eine Flasche Wasser mit aufs ›Strohlager‹ genommen?« Ich erstarrte:

»Steige er vorsichtig vom Lager herab, mein ehrenreicher Herr, der Hahn hat noch nicht gekräht, da ist's an der Zeit nach dem wilden Borstenvieh zu sehen, um ein wohlgefälliges Stück zu erlegen, auf dass wir am Abend es schmatzend verzehren können.«
»Ist der denn gar nicht kaputtzukriegen?« Wirt Klaus Röhrig vom Klausenhof zerrte an meinem Strohlager. Warum weckte der mich eigentlich und das noch so früh? Jegliche Erinnerung verblasste noch im Nebel des vorigen Abends, der damit geendet hatte, dass eine Schar ebenfalls angeheiterter Gäste mich nach einem Bade im Zuber zu meinem Lager begleiten musste, damit ich mir nicht das Genick brach.

Burg Hanstein auf einer historischen Postkarte

Nur an den betörenden Duft von Kräuteraufgüssen und an die ruppig-liebevolle Massage einer redegewandten Dame konnte ich mich plötzlich erinnern. »Aniiita«, schoss mir eine bekannte Melodie durch den Kopf und ließ mich erschauern.
In der musealen Badestube ging es zu wie im Taubenschlag: In regelmäßigen kurzen Abständen ein Aufguss, im gleichen Takt kredenzten Martin und Christian, die Söhne des Wirtspaares, kalte Platten mit Wellfleisch und Feldgieker auf Schmantbrot. Und mit der Regelmäßigkeit einer Schwarzwälder Kukucksuhr der Klaus: »Edler Herr darf's noch ein Branntwein sein?« Dabei schob er mir ein Halblitersenfglas mit »Bohnenbrand« zwischen die Lippen, der sich als angesetzter Peparonischnaps entpuppte und so glühendheiß meinen Schlund herunterlief, dass sich tiefe Rillen in meine Kehle kerbten.
Dieses Gesöff war natürlich der Grund für meinen ausgewachsenen Kater. Ich hätte mich eben nicht als Chef eines Busunternehmens aus Sachsen-Anhalt ausgeben dürfen, der sich auf Quartiersuche für Seniorenausflüge befand.
»Reiße er sich endlich von seiner Schlafstatt los, bevor die Sonne ihre Runde beginnt!«, der Wirt jetzt fordernder. Schon gestern ahnte ich, dass er wahrscheinlich gar kein modernes Hochdeutsch mehr sprechen kann, und schaute auf die Uhr: »Halb vier! Sind Sie verrückt?« Mit aufreizender Arschruhe stieg er behände die wacklige Holzsteige von der Tenne der Schlafscheune herunter. Ich, notgedrungen hinterher, denn an Schlaf war sowieso nicht mehr zu denken.
So langsam kamen auch die restlichen Erinnerungen zurück und ich muss gestehen, dass es angetrunkener Größenwahn war, der mich in diese Lage gebracht hatte, denn ich versprach dem Wirt in vorabendlicher Benebelung, ihn auf seinem frühmorgendlichen Pirschgang zu begleiten. Aber ich glaube, bei weiterem Zuspruch an klaren Schnäpsen hätte ich auch versprochen, einen Keiler mit Pfeil und Bogen zu erlegen, so gebauchpinselt wie ich mich fühlte, denn in dem Bottich sollen schon Goethe und die Gebrüder Grimm gebadet haben.
Vielleicht dichteten sie gerade in diesem Zuber dem Wolf die sieben Geißlein an. Eigentlich wollte und konnte ich das dem Klaus gar nicht glauben, doch als hätte er meinen Zweifel erahnt, schleppte er mir schweinsledergebunde Gästebücher aus den letzten zwei Jahrhunderten an mein Wannenbad und durch die schwabbelnden Nebel heißen Wassers hindurch sah ich die Einträge illustrer Gäste.
»Professori und allerlei studentisches Volk legten gern Rast am Fuße der Burg ein«, parodierte er weiter.

Ruinen der Burg Hanstein

Zu jeder Jahreszeit eine Entdeckung: Burg Hanstein

An der »Weißen Scheune« – Abzweig nach Bornhagen – Erinnerung an die Toskana

Der Klausenhof unterhalb von Burg Hanstein

Was sind Kujaus Hitler-Tagebücher doch für naive Fälschungen.
Mittlerweile rumpelte der Jeep über dermaßen holprige Waldwege, dass mein Bauch aus den Restbeständen vorabendlicher Alkoholika Cocktails mixte … und ich dachte an den Spruch von »Aniiita«: Wo früher meine Leber war, ist heute eine Minibar!
Abends aßen wir natürlich kalt. Keine Wildsau hatte unseren Weg gekreuzt. Doch die in guter alter Sitte selbst geschlachtete Eichsfelder Wurst war mehr als nur Ersatz. Sie schmeckte mir so vorzüglich, dass ich mir fest vornahm, an einer jener mystischen privaten Hausschlachtungen teilzunehmen, die der Klaus nur wenige Schritte vom »Klausenhof« entfernt in einem

Burg Hanstein auf einer historischen Postkarte von 1919

eigens dafür hergerichteten historischem Schlachthaus zelebriert. Der Wirtshausgarten war selbst am frühen Abend noch proppenvoll, denn obwohl geschrieben steht, man schließt bei Sonnenuntergang, wird die Pforte erst geschlossen, wenn der letzte mit Bohnenbrand und Wurschtesuppe abgefüllte Gast, hinausgewankt ist.
Jetzt nahm ich mir die Zeit, das Anwesen genauer zu betrachten. In den Schankstuben, den kleinen Pensionszimmern, im Rittersaal, aber auch im Garten verwöhnt ein Sammelsurium von Antiquitäten die nostalgiesüchtige Seele. Kein Möbelstück gleicht dem anderen. Das Inventar, gebleicht von Wind und Wetter, atmete pure Geschichte. Alles wirkt echt, nicht nachgemacht, wie holländische Antiquitäten in internationalen Vergnügungsparks.
»Gehabt euch wohl, ihr Ehrenreicher«, die freundliche Verabschiedung am späten Nachmittag, nachdem wir von einem verlängerten Frühstück aufgestanden waren, bei dem wir so nachgezecht hatten, dass »andre wohl ein Jahr davon gezehret hätten«.
»Und seid gewiss, der alte Wirt hegt keinen Groll, dass er von euch gefoppet wurde (ich sage nur: Busunternehmer). Und guter Rat noch an den Chauffeur – und deutet warnend auf meinen Sohn Sven – gar unverhofft begegnet man auf dieser Strecke den grüngewamsten Wegelagern, die darauf achten, dass ihr den Pferden nicht im vollen Laufe die Zügel lasst. Ich selbst da zahlte gestern noch, und lasst euch das ein Lehrstück sein, für solch Galopp rund dreißig Silbertaler.«
Umfasste die Taille seiner Frau Manuela, drehte sich um und winkte lustig im Davongehn mit der Hand.

Ein Überläufer: schon bei den Rittern eine willkommene Stärkung

… UND NAHMEN EIN FRÜHSTÜCK, WO ANDERE EIN JAHR DAVON GEZEHRET HÄTTEN

»Oh Herr, segne bitte das Essen und auch den Magen und lass' sich beide gut vertragen. Amen« – Besonders im Eichsfeld ist das Dankgebet unabänderlicher Bestandteil eines Schlachteessens.

ESSIG

Klausenhof

Klaus Röhrig & Martin Röhrig GbR
37318 Bornhagen
Tel. 03 60 81–6 14 22
Fax 03 60 81–6 77 21
www.klausenhof.de

Hansteiner Kräuterbraten

Wie so oft am Samstag früh hatte ich die Zeitung aufgeschlagen und schlürfte einen heißen Kaffee. Plötzlich klingelte mein Telefon Sturm und ein verärgerter Heiligenstädter polterte ohne Luft zu holen, dass er es als Verunglimpfung einer ganzen Region empfinde, wenn ich in meinem heutigen Beitrag einzig und allein den Bildhauer Tilman Riemenschneider als berühmten Eichsfelder erwähnt hätte.

Der Mantel der Gastfreundschaft

4

Heilbad Heiligenstadt

Ohne mich auch nur einmal zu Wort kommen zu lassen, bombardierte er mich schließlich mit einer Kanonade von Namen, die mich davon überzeugen sollten wie clever die Eichsfelder tatsächlich einzustufen sind.

Amüsante Konversationen, die mich aber letztlich nicht dazu bewegen konnten, meine Meinung zu revidieren. Er torpedierte mich mit den Verdiensten eines Heinrich Werner (1880–1833, komponierte das »Heideröslein«) oder eines Johann Carl Fuhlrott (1803–1877, entdeckte den Neandertaler) und lobte den mir bis dato völlig unbekannten Georg Kardinal von Kopp (1837–1914, ehemaliger Fürstbischhof von Breslau) über den grünen Klee.

Doch dieser Anruf brachte plötzlich einen anderen Stein ins Rollen. Mir fiel nämlich auf, dass mit der in Heiligenstadt geborenen Josepha von Siebold, die vor knapp 200 Jahren als erste Frau Deutschlands die »Ehrendoktorwürde der Entbindungskunst« verliehen bekam, nur eine weibliche Person auf den diversen veröffentlichten Eichsfelder Prominentenlisten steht – dafür aber jede Menge Bischöfe, Dichter und sogar ... ein amtierender Ministerpräsident.

Da ich jedoch befürchte, dass sich hinter dieser femininen Abstinenz noch immer die Auswirkungen jener stockkonservativen urchristlichen Erziehung niederschlagen, die im Eichsfeld über Jahrhunderte praktiziert wurde und so gar nicht mehr in unser gewandeltes Bild von Gleichberechtigung passt, breite ich über dieses Thema lieber den Mantel des Schweigens aus. Mantel – womit ich einen Übergang zum Thema gefunden habe. Den seinigen teilte der Soldat Martin der Überlieferung nach im Jahre 334 mit

Blick vom Dün-Kreuz auf Heiligenstadt – im Hintergrund der Kegel des Rusteberges

dem Schwert, um damit die Blöße eines hungrigen und frierenden Bettlers zu bedecken. Was dem Martin in seiner Heimatstadt Tours, wo sich das Geschehen abspielte, soviel Freunde unter den Christen bescherte, dass diese ihn als leuchtendes Beispiel tätiger Nächstenliebe zum Bischof weihen wollten. Der bescheidene Krieger Martin jedoch empfand sich dieser Ehre für unwürdig und versteckte sich auf der Flucht vor seinen Verehrern in einem Gänsestall, wo die Ganter natürlich sofort ihrer Natur gehorchten und lautstark zu schnattern begannen. Alle wussten nun, wo man den Martin finden konnte. Derart entdeckt, ergab er sich schließlich seinem Schicksal und ließ sich salben.

Auch als dritter Bischof von Tours blieb er sein Leben lang ein bescheidener Diener seiner Gemeinde, was schon bald nach seinem Tode dazu führte, dass er heilig gesprochen wurde. Als einer von wenigen Heiligen, von allen christlichen Konfessionen verehrt, profitieren sogar Atheisten von ihm – spätestens dann, wenn sie an seinem Namenstag im November ein Stück knusprige Martinsgans verzehren. Es darf also mit Fug und Recht behauptet werden, dass der Heilige St. Martin Eigenschaften in sich vereint, die in ihrer Bodenständigkeit denen der Eichsfelder sehr nahe kommen. Was in dieser Region in einer wahren Martinphorie mündete. Kein Wunder also, dass nicht nur die bedeutendste Kirche Heiligenstadts – die »Bergkirche« – seit dem 8. Jahrhundert seinen Namen trägt, sondern darüber hinaus zahlreiche alljährlich wiederkehrende kirchliche Feiern an sein segenreiches Wirken erinnern.

Allein das stille Gebet macht durstig und hungrig, und so trifft man in vielen Gemeinden auf zahlreiche »nachgottesdienstliche« Dienstleistungsunternehmen, die sich ebenfalls mit dem Namen »St. Martin« schmücken. Gemeint sind damit natürlich Gasthäuser und Schankwirtschaften. Die Tradition, nach dem Gottesdienst in einer solchen »Einrichtung« aus einem »Gesangbuch« zu singen, das Henkel hat, ist nicht nur ein Paradebeispiel für Eichsfelder Pflichterfüllung, sondern traditioneller liturgischer Bestandteil seines täglichen Glaubensbekenntnisses.

Natürlich verfügt auch Heiligenstadt über ein solches Etablissement zur Wahrung christlicher Grundwerte, das den verpflichtenden Namen »St. Martin« trägt. Äußerlich als Laden getarnt, findet man dieses Wirtshaus in der Wilhelmstraße 22, zwischen zahlreichen Bäckereien, verträumten Bücherlädchen, Kunstblumenetablissements und vietnamesischen Billigbutiken. Diese Tarnung ist kein Zufall, sondern behutsame Konservierung der Geschichte des Hauses, denn das ursprünglich im 13. Jahrhundert erbaute Gebäude, das im Laufe der Jahrhunderte auch schon mehrfach als Stätte der Gastlichkeit genutzt wurde, beherbergte von Mitte der dreißiger Jahre des vori-

Vorn links der Turm der St. Ägidienkirche, dahinter die Liebfrauenkirche in Heiligenstadt

gen Jahrhunderts bis zur politischen Wende fast siebzig Jahre lang ein Zigarrengeschäft. Da war ein Schaufenster notwendige Pflicht.
Anfang der Neunziger etablierte der bekannte Wirt des »Klausenhofs«, Klaus Röhrig, in diesen Mauern wieder ein Lokal, stattete das Puppenstübchen mit altdeutschen Balkendecken aus und separierte lauschige Kuschelecken, in denen sich die Gäste auf behaglichen Chaiselongues räkeln können. Ja, er schuf sogar eine solch gediegene bürgerliche Behaglichkeit, dass ich mich bei meinem ersten Besuch dort sofort in die Kulisse einer »Buddenbrook«-Verfilmung versetzt fühlte.
Ein Szenario, das mir anderenorts schon oft die Nackenhaare zu Berge getrieben hat. Denn nicht selten erzeugen solche mit flauschigem Samt ausgeschlagene und bördchenumhäkelte Nähkästchen nur einen Hustenreiz. Vor allem dann, wenn die Accessoires solcher verkitschter Panoptiken, wie klobige Kohlebügeleisen, löchrige Teddybären, auf Großmutter getrimmte Käthe-Kruse-Puppen und sonstiger herzerweichender Trödel nicht ständig abgestaubt werden. Wenn einem dann so ein von der Sehnsucht nach Trödel überwältigter Wirt auch noch Tütensuppen und gefrierbrandgeschädigtes Fertigessen nach »nostalgischer Art« andreht, sträubt sich bei mir mein Geschmacksgefieder.
Doch im Heiligenstädter »St. Martin« von Staub keine Spur. Und das nicht nur hinsichtlich des Reinigungszustandes, sondern auch auf der Palette erstaunlich einfallsreicher Speisen. Dafür verantwortlich zeichnet Wirtin Vera Grebenstein-Glorius, die nun

Willkommen im Reich der Gemütlichkeit

bald ein Jahrzehnt lang im Reich der gehäkelten Gemütlichkeit das Zepter schwingt. Wirtin Vera, die sich selbst gern als diensteifrige »Köchin von Leibspeisen aller Art« bezeichnet, startete ihre gastronomische Laufbahn vor zwanzig Jahren übrigens im Heiligenstädter »Central Café«, nur wenige Schritte von ihrer heutigen Wirkungsstätte entfernt, als Küchenhilfe. Obwohl ihr intellektuell wirkender Doppelname und ein scheinbar angeborener distinguierter Habitus den flüchtigen Beobachter auf den ersten Blick vermuten lässt, er stünde einer Studienrätin oder der Delegierten eines FDP-Parteitages gegenüber, die in ihrer Freizeit Vorträge über die gesundheitsfördernden Eigenschaften von Aloe Vera hält, sollte man sich von dem couragierten Persönchen nicht täuschen lassen. Mit derselben Zähigkeit, mit der sie früher in ihrem ursprünglich erlernten Beruf als Schlosserin mit Schweißbrenner und Vorschlaghammer hantierte, lebt sie nun konsequent ihre gastronomische Berufung aus.

Das bedeutet, dass sie einerseits mit Gerichten aus »Omas Kochbuch« die Eichsfelder Traditionen bewahrt, andererseits aber mit filigranen Fleisch-, Fisch- und vor allem Pastavariationen überrascht, die – obwohl sie zahlreiche Rezepte der mediterranen Küche entlehnt – dermaßen überzeugend regional wirken, dass ich ihr angesichts dieses gelungenen Drahtseilaktes meinen ausdrücklichen Respekt zolle. Gewöhnungsbedürftige Ausnahme bildeten nur einige »zimttrunkene« Saucen, so wie die zur Lammhaxe, die in mir solche enormen vorweihnachtlichen Schübe auslöste, dass ich während des gesamten Heimwegs leise »O Du Fröhliche« vor mich hinsummte.

Nicht weiter tragisch, werden Sie einwerfen.

Doch auf den Äckern ratterten die Mähdrescher.

GASTHAUS ST. MARTIN

Vera Grebenstein-Glorius
Wilhelmstraße 22
37308 Heilbad Heiligenstadt
www.gasthaus-sanktmartin.de
Telefon: 0 36 06 – 60 28 60

Der Möhrenkönig von Heiligenstadt – Galionsfigur der Heiligenstädter

Über Jahrhunderte hinweg führte Leinefelde ein bescheidenes dörfliches Dasein inmitten einer hügeligen Landschaft, deren spärliche Ergiebigkeit Generationen von rackernden Bauern den Schweiß auf die Stirn trieb.
Was letztendlich dazu führte, dass sich die Bauern der Schafzucht zuwandten, die zu ihrer wichtigsten Einnahmequelle wurde. Besonders die Vermarktung gegerbter Schaffelle und Wollerzeugnisse von Spanien bis nach Nowgorod sicherte den handelsreisenden Leinefeldern über Generationen hinweg einen bescheidenen Wohlstand, bescherte ihnen aber auch ihren Spitznamen: »Lämmerschwänze« aus »Klein Leipzig«.

5 Der Eifer der »Lämmerschwänze«

Leinefelde

So richtig Tuchfühlung mit der großen weiten Welt bekam Leinefelde aber erst ab 1826, als auf der Großen Rheinstraße (der heutigen Halle-Kasseler-Straße) tagtäglich der Fortschritt Durchzug hielt.
Schon ein Jahr später war Leinefelde ein wichtiger Anlaufpunkt auf der Handelsstraße zwischen Köln und Berlin, was allein die Tatsache beweist, dass die 700-Seelen-Gemeinde über 8 Gasthöfe verfügte, die alle – schenkt man den Zeitdokumenten Glauben – außergewöhnlich gut frequentiert waren. Als dann sogar die neue Reichsstraße (die heutige B80 und B247) von Mühlhausen nach Duderstadt ebenfalls durch Leinefelde führte, entwickelte sich der Ort plötzlich mit einer Dynamik, die für einige Eichsfelder jener Tage vielleicht sogar ein wenig zu ungestüm war. Doch die Neuzeit kam ohne Rücksicht auf das schlichte Gefühlsleben und war nicht mehr aufzuhalten. Bereits 1840 wohnten schon knapp 1000 Menschen in Leinefelde und gingen dort ihrem Broterwerb nach.
Als schließlich zwei Jahre später, sozusagen als I-Tüpfelchen der Logistik, eine Postrelaisstation mit zwanzig Pferden und dazugehöriger Postexpedition ihren Betrieb aufnahm, waren endgültig alle Schleusen der wirtschaftlichen Expansion geöffnet. Mit dem Anschluss an die Bahnlinie Halle–Arenshausen (später Kassel) 1867 zum wichtigsten Eisenbahnknotenpunkt des Eichsfeldes aufgestiegen, kam sogar die heilige Mutter Kirche nicht mehr umhin, den Bewohnern des Ortes eine selbstständige Pfarrei zuzugestehen, denn bis dato fühlten sie sich als »Filialgemeinde« von Birkungen nur als Katholiken zweiter Klasse.
Dass Leinefelde aber sogar einmal die größte Ansiedlung im Obereichsfeld werden würde, konnte wohl selbst der befähigteste Hellseher nicht voraussehen. Das war nämlich das Ergebnis eines streng vertraulichen Generalplans, den die neue Regierung schon kurz nach der Gründung der DDR in Berlin schmiedete. Mit ökonomischen Mitteln wollte man die verschworene Glaubensgemeinschaft der Eichsfelder aus den Angeln heben und plante, Leinefelde zum industriellen Zentrum des Obereichsfeldes auszubauen.
Als dann zehn Jahre später im sogenannten »Eichsfeldplan« verkündet wurde, die »Region fest in das Gesellschaftskonzept der DDR zu integrieren …«, um damit »… die Entfaltung des Sozialismus zu intensivieren«, vergingen nur noch wenige Monate bis man mit dem Bau einer gigantischen Baumwollspinnerei begann – im Volksmund »Spinne« genannt – die in ihrer Blütezeit immerhin 4.500 Mitarbeiter (davon 70 Prozent Frauen) beschäftigte. Fünfzig Prozent dieser Beschäftigten waren im Eichsfeld behei-

»Haus Eichsfeld« in der Birkunger Straße

matet, der andere Teil setzte sich aus einem Heer von Arbeitskräften vorwiegend aus Sachsen und Mecklenburg zusammen. Einerseits kamen sie der für damalige Verhältnisse guten Arbeits- und Wohnbedingungen wegen, andererseits mit dem klaren Auftrag der Partei im Gepäck, Leinefelde zur sozialistischen Stadt umzuformen. Maßnahmen, die zwangsläufig nicht nur die Lebensverhältnisse fundamental beeinflussten, sondern auch, wie geplant, das gewachsene ursprüngliche Lokalkolorit empfindlich störten.
Die weitere Geschichte ist schnell erzählt. Am 7. Oktober 1969 erhält Leinefelde das Stadtrecht, am Stadtrand Süd schießen die Plattenneubauten wie Pilze aus der Erde und alles sieht danach aus, als würde das Kalkül der SED aufgehen. Ein »frommer« Wunsch, der sich nicht erfüllte, denn noch gravierender als seine Dickfälligkeit ist das Durchstehvermögen des Eichsfelders. Was letztendlich darin gipfelte, dass die Partei der Arbeiterklasse nicht umhin kam, 1988 statt einer Parteihochschule die Katholische Kirche »St. Bonifatius« im neuen Plattenbaugebiet zu errichten. Aber auch Kindereinrichtungen, Schulen und natürlich Restaurants wurden aus denselben Normteilen gebaut, mit denen auch das Wohnungsbauprogramm durchgezogen wurde. Eines dieser in Beton gegossenen Fabrikate sozialistischen Baukastenschaffens war unter anderem das »Haus Eichsfeld« in der Birkunger Straße.
Ursprünglich 1962 als Verpflegungsstelle für die Bauarbeiterversorgung errichtet, wurde diese viereckige architektonische Allzweckwaffe nach Beendigung der Bauarbeiten an der »Spinne« als Wohngebietsgaststätte an die HO (sozialistische Handelsorganisation) übertragen. Gekoppelt an den Auftrag, durch hervorragende Versorgungsleistungen die werktätigen Massen aktiv beim Aufbau des Sozialismus zu unterstützen, spezialisierte man sich hauptsächlich auf die »Durchführung« kulturell anspruchsvoller Brigadefeiern, stellte aber auch für solche privaten Anlässe wie Hochzeit, Kommunion und Jugendweihe Räumlichkeiten zur Verfügung, für die in einer Neubauwohnung naturgemäß kein Platz mehr vorhanden war. Einer, der diese Zeit hautnah miterlebte, ist der heutige Besitzer des »Haus Eichsfeld« Paul Hunold, den 1979 die HO zum Gaststättenleiter berief.
Schmunzelnd berichtet der kernige Endfünfziger, der trotz diverser Zipperlein noch tagtäglich selbst am Herd steht und damit sein Verständnis von Eichsfelder Gastlichkeit in die Tat umsetzt, wie er damals als »Allrounder« versuchte, das ihm entgegengebrachte

23

Nick Jonas
ist Sexy
THE
Jonas
Bro-
Vince
ist

Baukastenarchitektur

Rekonstruierte Raumeinrichtungen einer typischen DDR-Plattenbauwohnung der 70er Jahre des 20. Jahrhunderts: Fensterlose Küche mit Durchreiche zum Esstisch im Wohnzimmer und Blick in ein Schlafzimmer – jedoch möbliert mit Möbeln der 60er Jahre.

Individualisten gibt es überall

Hart erkämpft: St. Bonifaziuskirche im Plattenbaugebiet

Vertrauen zu rechtfertigen. So berichtete er, dass er nicht nur für die rein gastronomische Versorgung zuständig war, sondern gleichzeitig als Haushandwerker, Objektreiniger, Organisator und »lizenzierter Warenfondsbeschaffer« alle Stufen der hohen Schule der sozialistischen Handelsmissverständnisse durchlaufen musste. Praktische Erfahrungen, die ihm heute zugute kommen, denn der sich verschärfende Überlebenskampf in der Gastronomie zwingt ihn beispielsweise auch jetzt noch dazu, kleine Reparaturen und Renovierungen eigenhändig durchzuführen. Und davon fallen im Hause genügend an, denn auch, wenn er die breiten Fugen der Platte gespachtelt und geglättet und teilweise mit warmen Holzvertäfelungen gnädig verhüllt hat, verlangt sein aus Beton gegossenes Liebhaberstück, dass er endgültig im Jahre 2001 von der Treuhand erwerben konnte, seine ganze Fürsorge. Doch der Gedanke, hier seine Zelte abzubrechen, kam ihm nie. Wer lässt sich schon ohne Not nach dreißigjähriger Ehe scheiden?

Dieses fundamentale Beharren auf Gewohntes hat aber auch einen Pferdefuß, denn beruht auch das innenarchitektonische Konzept auf fast mediterraner Grazie, beharrt der Chef – offensichtlich im besten Glaub und Treu – weiterhin auf der Verabreichung barocker Kalorienbomben, die kaum ein Gast bewältigen kann. Was vermuten lässt, dass der bekennende Eichsfelder Wirt seine etwas zurückhaltende Selbstbescheidung statt mit Klasse mit Masse zu kompensieren versucht. Was er gar nicht nötig hätte, denn hie und da die überaus wuchtige Deftigkeit gegen etwas Charme und Eleganz getauscht, wäre sein Essen noch wettbewerbsfähiger, als es dies für zahlreiche Eichsfelder mit gewaltigen Vertilgungspotential ohnehin schon ist.

Haus Eichsfeld

Paul Hunold
Birkunger Straße 25
37327 Leinefelde
Telefon: 0 36 05 – 5 44 70
Fax: 0 36 05 – 54 47 29
www.haus-eichsfeld.de

In meinen ersten Eichsfelder Beiträgen habe ich versucht, das unerschütterliche Festhalten des Eichsfelders an seinen überlieferten Sitten und Gebräuchen darzulegen. Was einige Leser zu der irrigen Annahme verleiteten könnte, der Eichsfelder sei ein in sich ruhender Felsbrocken, der mit Kohlscher Gelassenheit selbst die unangenehmsten geschichtlichen Konstellationen stoisch aussitzt und vielleicht sogar darauf wartet, assimiliert zu werden.

Zwischen Platte und Feinschmeckerküche

Heilbad Heiligenstadt · 1. Akt Lustspiel

Weit gefehlt. Gerade diese Perioden vermeintlichen Tiefschlafs befähigen die Eichsfelder zu metamorphosischen Meisterleistungen, die ihnen kaum jemand zugetraut hätte. So entpuppte sich im Nachherein betrachtet, selbst die vierzigjährige Verbannung während der Diktatur des Proletariats in die Isolation mehr als Signal zum Aufbruch, denn als Ausgangspunkt für eine von den damals Regierenden gewünschte tiefe Resignation.

Kurz gesagt: Der Eichsfelder ist trotz streng praktizierten Konservatismus kein einfältiger Sturkopf. Vielmehr ist zu keinem Zeitpunkt seiner Reise durch die Geschichte sein Draht zum wahren Leben gerissen und er geriet niemals in Gefahr, seine ihm eigene Geradlinigkeit zu verlieren. Eigenschaften, aus denen Realitätssinn resultiert, dessen seismographische Sensibilität selbst anerkannte Psychoanalytiker in Erklärungsnöte stürzt. Eine Aussage, die sich vielfältig beweisen lässt.

Beispielsweise durch die Entwicklung in der Stadt Leinefelde. Dort schlug nämlich, wie in keiner zweiten mitteldeutschen Kommune, der demografische Wandel mit gnadenloser Härte zu. Ausgangspunkt, wie so oft, waren die durch den Verlust von Arbeitsplätzen plötzlich leerstehenden Plattenneubauten und eine damit einhergehende Stadtflucht. Das führte zu dermaßen gravierenden Schäden am sozialen Gefüge, dass jeder vernünftig denkende Verwaltungsfachmann mit dem Zusammenbrechen jeglicher kommunaler Strukturen rechnen musste.

Doch während man anderenorts ähnlich gelagerten Problemen meist mit dem Einsatz der Abrissbirne begegnete, entschloss sich der dortige Stadtrat für ein Gesundschrumpfungskonzept, wie man es bis heute in Deutschland kein zweites Mal findet. Unter Führung eines überaus hartnäckigen Bürgermeisters betrat man mit dieser Entscheidung nicht nur städteplanerisches Neuland, sondern erntete für die Idee, die »gute alte Platte« wohnlich zu »recyceln« natürlich auch eine gehörige Portion Spott.

Was die kreativen Querdenker aber keinesfalls daran hinderte, ihr einmal durchdachtes Konzept in die Tat umzusetzen. Und wirklich stoppten sie mit dem Umbau karnickelstallähnlicher Wohnmaschinen in pfiffige individuell zugeschnittene Wohnkonzepte nicht nur den Trend des Fortzuges, sondern locken seither sogar eine völlig neuartige Klientel von Umzugswilligen in die Stadt. Das Resultat beweist, dass der Eichsfelder jederzeit in der Lage ist, eigene Innovationen erfolgreich auf den Weg zu schicken. Andererseits ist er aber keinesfalls so einfältig, um bewährte Konzepte ohne Prüfung auf ihre Eichsfeld-Tauglichkeit einfach links liegen zu lassen.

Anhand eines gastronomischen Unternehmens, das nach sorgfältiger, anfangs sogar misstrauischer Prüfung meinem ureigensten Empfinden von vollkommener Gastlichkeit sehr nahe kommt, möchte ich Ihnen das veranschaulichen. Ungewohnte vorweggenommene Lorbeeren, hinter denen Sie aber bitte – ganz gegen meine sonstigen Gepflogenheiten – einmal nicht den Anlauf für einen satirischen Tritt ins Hinterteil vermuten sollten.

Ich besuchte das »Hotel am Vitalpark« in Heiligenstadt. Schon der erste Eindruck verblüffte mich, denn der von schwereloser Leichtigkeit geprägte, im südländischen Stil angelegte Hotelkomplex – erst Mitte diesen Jahres neben der Therme in der Leineaue eröffnet – widersprach meinen bisherigen Eichsfelder Erkenntnissen von erdverbundener Stabilität und fundamentierter Trutzigkeit auf das Heftigste.

Eine Unbeschwertheit, die sich im Innern nahtlos fortsetzt und deren Umsetzung von den Planern ein einfühlsames architektonisches Verständnis abverlangte.

Das »Hotel am Vitalpark« ist eine jener auch in Thüringen im Trend liegenden Wellness-Oasen, welche vom Alltagsstress geplagten Mitmenschen die Linderung ihrer körperlichen und seelischen Verschleißerscheinungen anbietet. Solche Kombination aus Kurklinik und luxuriöser Herberge setzt dabei vorwiegend auf Gäste, die bereit sind, Tagessätze zu entrichten, die weit über den Regelsätzen von Krankenkassen liegen. Was im Umkehrschluss nichts anderes bedeutet, dass im Bemühen um Kundschaft sämtliche Mitarbeiter über die Befähigung verfügen

müssen, ihren Teil am Wohlbefinden beizusteuern. Auf das Ambiente bezogen muss dieses Anliegen als gelungen bewertet werden. Etwas argwöhnischer hingegen habe ich stets die kulinarischen Angebote solcher Häuser beäugt, denn Erdenbürger, die vom Beauty- und Gesundungsvirus befallen sind, werfen ihre gewohnten Essgewohnheiten lächelnd über Bord und mutieren schlagartig zu bekennenden Chlorophyll- und Körner-Jüngern, schlendern von Salatbar zu Salatbar, trinken literweise stilles Wasser und verbannen – unter Suggestion ausgebuffter Diätberater – jeglichen Gedanken an lustvolles Speisen in den tiefsten Winkel ihres Bewusstseins.
Solche Reflexionen im Hinterkopf näherte ich mich dem im Erdgeschoss ebenfalls in mediterraner Unbeschwertheit eingerichteten »Theodor-Storm-Restaurant« mit demselben Argwohn, wie ein Veganer, der sich in die Fleischwarenabteilung eines Kaufhauses verirrt hat. Aber, als hätte man ganz speziell auf mich gewartet, empfing mich dort postwendend eine aufmerksame Servicekraft, und ehe ich mich versah, verwandelte sie allein durch das Überlassen einer überaus viel versprechenden Speisenkarte meine Beklemmungen hinsichtlich allzu gesunder Gesundheitsnahrung in freudige Erwartung. Schon der erste Blick auf die Offerten verriet mir, dass es hier gelungen schien, das ureigenste Anliegen der sanften Regeneration mit der Sehnsucht nach vollkommenen Gaumenfreuden auf das Angenehmste miteinander zu verbinden.
Dabei geht Küchenchef Jörg Stöber, einer der wenigen personellen Exporte aus dem nahen Hessen, an keiner internationalen Spezialität vorbei. Vielmehr brilliert der über Jahre anerkannte Gourmetkoch mit einem wahren Feuerwerk von zauberhaft zubereiteten Delikatessen, offerierte uns beispielsweise nach einem einfallsreichen »Gruß aus der Küche« (Amesgeule) als Entre ins empfohlene Menü eine Bretonische Hummersuppe mit Kräuternockeln sowie eine Rehkraftbrühe und eine Thailändische Geflügel-Kokossuppe in einer Qualität, wie man sie selbst in sternengeschmückten Edelrestaurants suchen muss. Und das zu solch moderaten Preisen, dass ein Besuch dieses Restaurants unwiderruflich zum Ritual werden müsste. Was dann jedoch folgte, verschlug mir fast die Sprache: Vom Carpaccio vom Kalbsfilet, über dezent gegarte Riesengarnelen in apulischem Olivenöl, über einen rosa gebratenen Rehrücken bis hin zu einem absolut auf den Punkt pochierten Wildlachs wurde ich in eine Euphorie versetzt, wie sie mich in meiner bisherigen Laufbahn als Restauranttester nur selten überkam. Doch als reichten diese Genüsse allein nicht aus, lockt die Karte den bodenständigen Esser zusätzlich auf Inseln fest verankerter Eichsfelder Speisetraditionen. Dort kann er inmitten der internationalen Flut von Spezialitäten seinen Rettungsring nach Tafelspitz, hausgemachter Sülze, paniertem Nackensteak »Wiener Art« und Schlachteplatte auswerfen.
Vital schmandveredelt!

Mein Verhältnis zum Bewirtungsgewerbe gestaltete sich in der Vergangenheit oft ähnlich diffizil, wie das zum weiblichen Geschlecht. Manchmal erlag ich schlagartig dem Charme eines unscheinbaren Restaurants oder Hotels, andererseits konnten mich selbst offen zur Schau gestellte Reize nicht aus der Reserve locken.

Frühlingsgewitter

Heilbad Heiligenstadt · 2. Akt Trauerspiel

Während mich also in altersschwachen Baracken die Wollust wie eine widerstandslose Marionette am Schlafittchen packte, überfiel mich in hochgestylten Luxusrestaurationen, deren Ambiente vermuten ließ, dass Claudia Schiffer höchstpersönlich im Louis-Vuitton-Kleid hinterm Herd hantiert, nur gähnende Müdigkeit.
Als Restauranttester jedoch haben beide Seiten – sowohl die »Graue Maus«, als auch die »glamouröse Diva« – das gleiche Recht auf faire Beurteilung. In solchen Fällen bin ich froh, dass ich mich auf die Objektivität meiner anonymen Mittester verlassen kann, welche die fachliche Seite eines Gastrobetriebes recht humor- und emotionslos begutachten.
Dass indes meine Beurteilungen nur Momentaufnahmen sind, beweist mein mit Lob gespickter Bericht über das Heiligenstädter »Hotel am Vitalpark«. Im Jahre 2008 neu eröffnet, begegnete ich im letzten Herbst in diesem nach allen Regeln der Harmonie und Schönheit errichteten Hause einer so vollkommenen Gastronomie, dass ich, entgegen sonstiger Gepflogenheiten, meiner Euphorie freien literarischen, ja fast lyrischen Lauf ließ.
Was folgte, war ein wahrer Sturmlauf meiner verehrten Leserschaft auf die gastliche Stätte; anfangs begleitet von durchweg begeisterten Rückmeldungen, die mich in meinem Urteil bestätigten. Mitte Dezember fing das schöne Mosaik der Gastlichkeit zu bröckeln an und die Reaktionen der von mir »verführten« Gäste fielen, um es gelinde auszudrücken, etwas zurückhaltender aus.
Im Januar dann ein Drama shakespearescher Tragweite. Immer öfter erreichten mich Zuschriften, die unverhohlen fragten, wieviel Geld mir die Hotelleitung gezahlt hätte, um Gäste in dieses Hotel zu locken. Warfen mir vor, Lobbyarbeit zu verrichten. Womit sie nicht ganz falsch liegen, denn meine Kolumnen sollen den Gasthäusern auch zahlende Kundschaft bescheren, denn ohne Gäste würde ein Stück Lebenskultur so unwiederbringlich vernichtet, wie der Geschmack der einst berühmten Leberwurst (»Kaisers grobe Kalbsleberwurst«) meines Großvaters Erich, deren Rezeptur er wohl an meinen Vater weiter vererbte – deren Geheimnis er aber mit ins Grab nahm, denn sie erreichte nie wieder ihren ursprünglichen Geschmack.
Außerdem wissen die von mir aufgesuchten Wirte, selbst jene, die meine satirische Kritik bis ins Mark erschütterte, dass ich unabhängig von Sympathie oder Aversion stets meine Rechnungen auf Heller und Pfennig begleiche. Womit ich mir eine Unabhängigkeit bewahre, die sowohl objektive als auch subjektive Kritik zulässt.
So wie in vorliegendem Fall, denn schon erste Nachtest-Berichte meiner »Namenlosen« ließen den

Schluss zu, dass im Hotel »Am Vitalpark« von den Beschäftigten der Gastronomie seit ein paar Monaten statt harmonischer Bewirtung aktive Arbeitsplatzvernichtung praktiziert wurde.
An dieser Stelle über die Bedeutung dieser Wellness-Oase für das strukturarme Eichsfeld aufzuklären, hieße Eulen nach Athen zu tragen. Allein um die immer dünner gesäte zahlungsfähige Kundschaft ausgerechnet an den provinziellen Standort Heiligenstadt zu locken, bedarf es eines Repertoires von Überlebenstaktiken, die sich kaum mehr von militärischen Strategien unterscheiden. Eine besonders in der derzeitigen Krise schwere und notwendige Aufgabe, sichert doch der Erfolg eines solchen Unternehmens erhebliche Arbeitsplätze.
Da dies selbstverständlich auch der Politik bewusst ist, steuerte sie beim Hotel »Am Vitalpark« mit Subventionen und Steuervergünstigungen ihr Scherflein zum Gelingen bei. So wurden und werden nicht nur in Heiligenstadt Bedingungen geschaffen, dass solche Betriebe langfristig planen und beispielsweise ohne jenen finanziellen Druck, dem private Gastronomen tagtäglich ausgesetzt sind, agieren können. Wozu auch die Möglichkeit zählt, besonders in wirtschaftlich ungünstigen Zeiten Investitionen zu tätigen, vor denen private Investoren zurückschrecken (müssen). Das nennt man Wettbewerbsvorteil und ist ein Instrument der freien Marktwirtschaft, über das sich streiten lässt. Da ich hier aber keine Vorlesung über Ökonomie halte, sondern nur die ganz alltäglichen Resultate solcher Aktivitäten bewerte, möchte ich auf dieses Kapitel nicht weiter eingehen.
Das erste, was uns auffiel, als wir uns an einem der mit gestärktem Linnen gedeckten Tische des Theodor-Storm-Restaurants platzierten, waren die Kunstblumengestecke die das feingliedrige mediterrane Klima empfindlich störten. Nun ist das Fehlen von frischen Schnittblumen allein sicherlich kein Alarm-

signal, doch im Zusammenhang mit dem ebenfalls wegrationalisierten »Gruß aus der Küche«, von Feinschmeckern auch stilvoll als »Amuse bouche« (Appetithäppchen, Gaumenfreude) tituliert, ahnten wir, dass man im Hotel damit begonnen hatte, bei den kleinen Aufmerksamkeiten zu sparen. Ob solche Maßnahmen die Bilanzen retten, ohne das Renommee im »Krieg der (Gastro) Sterne« anzukratzen, muss bezweifelt werden. Aus Erfahrung weiß ich, dass solche Gäste, die bereit sind, für eine Vorspeise zwischen 7,00 und 15,00 Euro; für ein Vorsüppchen zwischen 5,00 und 7,00 Euro, für ein Hauptgericht zwischen 15,00 und 20,00 Euro und für Wellness-Häppchen sogar zwischen 12,50 und 16,00 Euro zu berappen, sicherlich nicht auf Gastgeschenke spekulieren. Andererseits erhalten milde Gaben die Freundschaft und werden wohlwollend registriert. Außerdem verstößt eine solche Knauserigkeit eindeutig gegen den Ehrenkodex jener hoch angesiedelten Gastronomie, zu dem sich das »Theodor-Storm« optisch und im Angebot bekennt.
Völlig unverständlich hingegen einige Veränderungen in der Speisekarte, die mich am Sachverstand der Verantwortlichen zweifeln ließen. Da löste beispielsweise ein preisintensiver, noch dazu über Tausende von Kilometern herbei gekarrter Papageienfisch die leckere Eichsfeld-Forelle aus der Nachbarschaft ab. Der Exot präsentierte sich außerdem dermaßen ausgetrocknet, als hätte er wie Jesus vierzig Tage in der Wüste gefastet.
Auch der Respekt vor ausländischen Spezialitäten ging offenkundig verloren. Wie sonst ist es zu erklären, dass man eine Toskanische Tomatensuppe mit Eichsfelder Schmand aufmontierte – die noch dazu sauer war. Hier war ein Koch am Werk, der mich an den Mitarbeiter in jener thüringischen Ausländerbehörde erinnerte, bei dem ich einen russischen Kunstmaler für einen zweimonatigen Studienaufenthalt anmeldete: stur, korrekt und ohne jegliches Einfühlungsvermögen für fremde Kulturen.
Aber auch beim Service schien der lange Winter seine Spuren hinterlassen zu haben. Die Kellnerin brachte es immerhin fertig, den Toast zu meinen Garnelen fünfundzwanzig Minuten nach dieser Vorspeise zu servieren. »Die Küche wollte mir keinen machen«, entschuldigte sie sich.

Lustspiel

Trauerspiel

Weitere Details erspare ich mir an dieser Stelle. Resümierend muss festgestellt werden, dass wir einer saft-, kraft- und gewürzlosen, noch dazu lauwarmen »Veranstaltung« beiwohnten. Obwohl ich hinter einer Trennwand Deckung gesucht hatte, erkannte mich die aufmerksame gastronomische Frontfrau Tanja Gött sofort. Auf meine Bitte hin gesellte sie sich dankenswerterweise stehenden Fußes zwei Stunden zu uns; machte also keinen Umweg über Küche und Kelleroffice. Womit ihr jegliche Möglichkeit der Vorwarnung in Richtung Personal genommen wurde. Eine Maßnahme, die sich im Nachherein für das Restaurant als lebensrettend herausstellen kann. Ihr Fazit nach einer Aneinanderreihung unglaublicher gastronomischer Fauxpas: »Eine solche Schilderung der von mir hier miterlebten Geschehnisse aus Ihrem Munde (damit meinte sie mich) hätte Sie für alle Zeiten zum Münchhausen gestempelt.« Viel erfrischender hingegen: Sie benannte keinen Schuldigen. Versuchte sich nicht hinter dem Argument zu verstecken, dass der einst von mir so hoch gelobte Küchenchef das Unternehmen verlassen hatte. Vielmehr bewies sie eine standhafte Loyalität, deren angestaute Verbitterung sich nach unserem Weggang hinter den Kulissen in einem fürchterlichen Gewitter entlud. Hoffentlich in einem reinigenden.

Hotel am Vitalpark

In der Leineaue 2
37308 Heilbad Heiligenstadt
Telefon: 0 36 06 – 66 37-0
Fax: 0 36 06 – 6 63 79 99
www.hotel-am-vitalpark.de

Aus der Sicht eines routinierten Autofahrers sind die knapp zwölf Kilometer auf der B 249 in Richtung Eschwege von der ehemaligen Freien Reichsstadt Mühlhausen hinauf in die knapp 250 Meter höher liegende (479 m ü. NN) Eichsfeldgemeinde Struth natürlich nur ein Katzensprung. Für einen, der an einen Schauplatz seiner Kindheit zurückkehrt, wie mich hingegen, eine geradezu zur Besinnung zwingende emotionale Begegnung mit der Vergangenheit.

Frostschutzmittel Leberwurst

8

Struth · 1. Teil

An einem späten Sonntagvormittag, Anfang November 2008, befand ich mich auf dem Weg ins Gasthaus »Zur Grünen Linde«, das seit Generationen genauso zum festen Bestandteil der Eichsfeldgemeinde Struth gehört, wie die schmucke Pfarrkirche »St. Jacobus«, die nur wenige Meter entfernte und stets nach frischem Brot duftende Bäckerei Helbing und das seit der Wende für ein 2.200-Einwohner-Dorf eigentlich völlig überdimensionierte Gewerbegebiet, in dem längst nicht nur Einheimische, sondern sogar Mitmenschen aus dem flachen Land ihr tägliches Brot verdienen.

Die »Grüne Linde« ist das Reich von Herbert Jakobi, der – gleichen Alters wie ich – im Jahre 1970 von einem Tag auf den anderen als Zwanzigjähriger in jene Lücke springen musste, die der überaus frühe Tod seines Vaters damals ins generationenübergreifende Familienunternehmen gerissen hatte.

Außerdem bestritten Herbert und ich in unserer Jugendzeit ein Stück unseres Lebensweges gemeinsam, und zwar damals, als der junge Eichsfelder in der Mühlhäuser Fleischerei meines Vaters zu lernen begann. Da wir uns sehr gut verstanden, war es ein für uns beide prägender Lebensabschnitt, in dem besonders seine Ansichten und Charaktereigenschaften dazu beitrugen, mein bis heute gültiges Verständnis von der Eichsfelder Lebensart nachhaltig zu beeinflussen.

Aus diesem Blickwinkel betrachtet, galt deshalb mein spätherbstlicher Besuch mehr einer Hommage an die Vergangenheit, als einer der sonst üblichen eingespielten gastronomischen Bestandsaufnahmen.

Kloster Zella war ein Kloster der Benediktinerinnen zwischen Lengenfeld unterm Stein und Struth im südlichen Eichsfeld. Heute wird dort ein evangelisches Alten- und Pflegeheim betrieben.

Noch hatte es die Sonne nicht geschafft, sich gegen den diesigen Frühnebel durchzusetzen, was ihr Licht so sehr dämpfte, als fiele es durch eine gewaltige Milchglasscheibe.
Kurz hinter Eigenrieden, bevor die Landstraße nach links ins Hessische abbiegt, passierten wir den Mühlhäuser Landgraben. Diese 26 Kilometer lange, in der Mitte des 14. Jahrhunderts errichtete Wallanlage – von der Mühlhäuser Bürgerschaft einst zum Schutz gegen die schmerzhaften Raubritterüberfälle aus Niedersachsen, Hessen und dem Eichsfeld angelegt – ist mittlerweile durch Erosion und landwirtschaftliche Eingriffe an vielen Stellen nur noch für Ortskundige als solche auf den ersten Blick erkennbar. In den Köpfen der angrenzenden Bewohner jedoch scheint dieses ehemalige Bollwerk noch immer jene territorial abgrenzende Funktion zu erfüllen, wie zu der Zeit, als die nachbarschaftlichen Beziehungen von Misstrauen und Brotneid beherrscht waren. Kurz: Der Mühlhäuser Landgraben ist so etwas wie der imaginäre Weißwurstäquator Thüringens.
Erst als wir vor dem Gasthaus hielten und ausgestiegen waren, stellten wir fest, dass es klirrend kalt war. Schlagartig erinnerte ich mich an eine dieser Episoden aus der Vergangenheit, wie sie mir in den letzten Tagen immer häufiger in den Sinn gekommen waren …
Das Fleischerhandwerk gehört von jeher zu jenen

Leni und Herbert Jakobi

Berufszweigen, in denen trotz moderner Verarbeitungstechniken vor allem körperlicher Einsatz verlangt wird. Besonders die Zerlegung der Tiere ist eine der schweißtreibendsten Tätigkeiten, die ich kenne. Dazu kommt, dass diese Arbeit zu unchristlicher Morgenstunde verrichtet werden muss, denn nur das garantiert eine weitere reibungslose Verarbeitung des Fleisches.
So war es auch in der Fleischerei meines Vaters. Während Altmeister Erich, mein Großvater, und Meister Gerhard, mein Erzeuger, gemeinsam mit den Gesellen um vier Uhr in der Frühe ihr Tagwerk in Angriff nahmen, mussten die Lehrlinge »erst« eine

Stunde später auf der Matte stehen. Besonders für Lehrling Herbert aus Struth stellte dieser frühe Arbeitsbeginn eine ernsthafte logistische Herausforderung dar, denn um diese Zeit fuhr noch kein Bus und die Eisenbahn machte um seinen Heimatort einen respektablen Bogen.
Also legte ihm sein Vater Martin – selbst ein begnadeter Mopedfahrer – Weihnachten 1964 ein nagelneues SR2 von Simson unter den Weihnachtsbaum. Mit dem knatterte nun das schmächtige Bürschchen bei Wind und Wetter tagtäglich zur Arbeit – und von beidem gibt's im rauen Eichsfeld bis heute reichlich.
Aber auch ich als Sohn des Chefs war in den Arbeitsalltag der Handwerksfamilie fest eingebunden und besonders meine Feriengestaltung diente von frühester Kindheit an – ähnlich wie bei Kindern, die in einem landwirtschaftlichen Umfeld aufwuchsen – mehr der Vervollkommnung meiner handwerklichen Fähigkeiten als einer für mein jugendliches Alter überflüssig angesehenen körperlichen Regeneration. Immerhin wurde ich so »spät« geweckt, dass ich erst mit den Lehrlingen zu erscheinen hatte.
So auch in den Weihnachtsferien des Jahres 1964, als die Temperaturen tief in den Keller gerutscht waren. Eine extreme Witterung, die dem zarten Herbert auf seinem Weg zur Arbeit unbarmherzig das Blut in den Adern gefrieren ließ. Doch an jenem dritten Weihnachtsfeiertag gab es eine Beschäftigung, die man im Regelfall liebend gern den Lehrlingen überließ – die Massage brühheißer Würste.

An jenem kalten Morgen jedoch streichelte der Herbert ganz besonders inbrünstig über die heißen Würste, denn er nutzte sie – schlitzohrig gegen jede Regel aus dem Wasser hebend – als Wärmflasche. Bemerkt sei noch, dass es besonders diese Leberwurst war, die als stadtbekannte Delikatesse über Generationen hinweg unserer Familie einen gewissen Wohlstand bescherte. Ja, ihr legendärer Ruf hatte sogar Zeiten unbeschadet überlebt, als die Schweine anscheinend ohne Lebern aufwuchsen, denn besonders diese beliebten Innereien waren damals so rar, dass sie nur als Bückware gehandelt wurden.
Die Hände ständig in eiskaltem Wasser zu lassen – solcher Heroismus ging dem Herbert an jenem kalten Morgen jedoch völlig ab.
Wie war ich nur auf die Leberwurst-Massage gekommen? Ach ja, uns fröstelte auf dem Parkplatz bei der »Grünen Linde«, deren weiße Fassade jene bodenständige Gastlichkeit ausstrahlte, die auf den ersten Blick Vertrauen schafft.
Nach der Wende im Stile bayerischer Landgasthöfe saniert, erinnert nichts mehr an diesem Anwesen daran, dass es sich ursprünglich um eine Landwirtschaft gehandelt hat, in dem die Vorfahren Herberts als Nebenerwerbswirte ein bescheidenes Zubrot verdienten. Da ich mich nicht angemeldet hatte, war ich gespannt, ob mich Herbert sofort erkennen würde, denn seit meinem letzten Besuch waren immerhin gut fünfzehn Jahre vergangen. Kaum hatte ich jedoch die Gastube betreten, rauschte Herbert wie auf Kom-

Dazu werden die kochheißen Leberwürste in einer Molle mit eiskaltem Wasser so lange behutsam massiert, bis sich mit einsetzender Erstarrung der Wurstmasse das überreich verarbeitete Fett gleichmäßig verteilt hat. Nicht nur für zarte Jünglinge eine Art Kneippscher Anwendung der rustikalen Art, die dazu führt, dass insbesondere bei beträchtlicheren Mengen die Hände dermaßen zu schwellen beginnen, als hätte man sie versehentlich in einen Pferdeameisenhaufen gesteckt.

mando heran und als hätten wir uns erst gestern Abend verabschiedet, offenbarte er mir lakonisch: »Übrigens, ich schlachte am nächsten Freitag. Brauche noch einen ›Leberwurststreichler‹!«
Griente verschmitzt und verschwand in der Küche, wozu ihn der helle Klang eines Glöckchens aufgefordert hatte.
Ich war zu Hause angekommen!

Blick auf Struth

Zur Erinnerung: Ich berichtete von meinem Besuch im Gasthaus »Zur Grünen Linde« in der Eichsfeldgemeinde Struth, das von meinem Jugendfreund Herbert Jakobi bewirtschaftet wird. Eine Exkursion, die Erinnerungen an eine Zeit weckte, in der das tägliche Leben trotz aller Unbequemlichkeiten noch von absoluter Pflichterfüllung, grenzenloser Loyalität und Härte gegen sich selbst bestimmt war.

Neuer Gasthof – Alte Sitten

Struth · 2. Teil

Dieser Gasthof wurde wie zahlreiche andere in Thüringen nach der Wende mit allem erdenklichen Komfort von Grund auf modernisiert. Doch während zahlreiche ähnliche Sanierungen damit endeten, dass man solche traditionsreichen Anwesen nicht nur vom Schwamm befreite, sondern auch ihrer Seele beraubte, war mir schon nach wenigen Augenblicken klar, dass es bei der »Linde« gelungen war, eine Brücke zwischen Tradition und Moderne zu schlagen, die nicht nur den Wünschen der Gäste nach einem behaglichen Umfeld gerecht wird, sondern auch der Vergangenheit seine Referenz erweist.
Bedauerlicherweise wurden meine Gefühle von aufwallender Geborgenheit abrupt vom harschen Befehl Herberts unterbrochen, als dieser mich unmissverständlich mit den Worten »Geh mo zur sitten« (geh mal zur Seite) aufforderte, meinen Körper aus der Schusslinie seines Laufweges zu entfernen.
Rauschte –, nachdem er mich, wie Sie vielleicht noch wissen, augenzwinkernd zum »Leberwurststreicheln« aufgefordert hatte –, ohne mich eines weiteren Blickes zu würdigen, mit Schüsseln beladen an eine festlich gedeckte Tafel, an der rund zwanzig hungrige Mäuler in Vorfreude auf Gesottenes und Gebratenes begehrlich zu stöhnen begannen. Kaum abgestellt, stürzte sich die anscheinend dem Hungertode nahe Tafelrunde auf Rouladen, Lammhaxen, gemischte Braten und Schmandsalate. Um zu guter Letzt die hastig aufgerissenen schlohweißen Klöße in literweise sämig brauner Sahnesauce zu ertränken.
Nur kurze Augenblicke und schon forderten die ersten Rufe Nachschlag.
Minutenlang wirbelte der Herbert jetzt zwischen Küche und Gastraum, um Saucieren und Assietten nachzufüllen. Erfreut stellte ich fest, dass sich sein besonders mittig vom Wohlstand sanft gewölbter Körper noch immer jene urwüchsige Spannkraft bewahrt hat, die ich seit unserer Jugend so an ihm bewunderte.
Zufrieden mit seiner Leistung, ließ sich der dienstbare Geist wenig später erschöpft an unserem Tisch nieder und fächerte sich mit der Kellnerserviette Frischluft zu.
Einige Augenblicke beobachteten wir gemeinsam die wacker Zulangenden. Plötzlich flüsterte er, sich dabei

konspirativ über den Tisch beugend: »Eine Hochzeitsgesellschaft aus dem Ort und einige Auswärtige ... Eigentlich müssten die ja von gestern Abend noch satt sein. Da habe ich im Saal soviel Essen aufgefahren, dass davon eine ganze Hundertschaft satt geworden wäre.«

»Hast du noch Schmand-Bohnensalat«, unterbrach ein hagerer Endvierziger seine Erläuterungen und deutete ohne sein Schaufeln zu unterbrechen mit dem Messer auf zwei leere Salatschüsseln.

Schmand-Bohnensalat! Sofort wurden erneut Erinnerungen geweckt. Schon einmal war ich nämlich Zeuge einer Eichsfelder Hochzeit, als es Ende der Sechziger an Servicepersonal fehlte. Für mich eine willkommene Gelegenheit mein Taschengeld aufzubessern. Damals hatte – gegen jede sonstige Gewohnheit – eine Hochzeitsgesellschaft seine Gäste nicht nur abends auf den Saal zum Tanze eingeladen, sondern auch zum Festschmaus ins Gasthaus. Was, wie gesagt, zu jener Zeit gegen sämtliche Regeln Eichsfelder Hochzeitstraditionen verstieß. Diese ehernen Gesetze schrieben eigentlich verbindlich vor, dass sich das über zwei Tage hinziehende Hochzeitsfest im Hause der Brauteltern abzuspielen hat. Während der »Große Festschmaus« am ersten Hochzeitstag meist von allseits bewährten Gastköchen

zubereitet wurde, war die Verköstigung der Gäste am zweiten Hochzeitstag alleinige Aufgabe des Brautpaares. Für die Jungvermählten eine erste Belastungsprobe, die trotz sorgfältiger hauswirtschaftlicher Erziehung der Braut nicht selten im Chaos endete.
Kein Wunder, dass sich die Vorbereitungen zu solchen Feierlichkeiten über Wochen hinzogen, denn eine traditionelle Eichsfelder Hochzeit ist bis heute mehr als nur ein profanes Fressgelage – sie ist ein gesellschaftliches Großereignis.
Die ersten Absprachen wurden übrigens in den Knuttstuben (Strickstuben) zwischen den beteiligten Hausfrauen getroffen, aus deren Reihen sich später ein Festkomitee rekrutierte, das jedem – vom Koch über die Backfrau bis zum Musikus – seine Aufgaben zuwies. Und wehe dem Bruder Leichtfuß, der diese Instruktionen nicht peinlich genau befolgte, denn den traf die gnadenlose Härte dörflichen Tratsches.
Neben Details, wie die Auswahl der »Brautengel« – junge Mädchen, die den Schleier der Braut tragen dürfen –, dem Ändern des über Generationen mottenfrei verwahrten kunstvoll bestickten Familienbrautkleides und dem Reinigen des schwarzen Gehrocks für den Bräutigam, stand natürlich die perfekte Organisation der leiblichen Genüsse ganz oben auf der Liste der zu erledigenden Vorarbeiten.
Wozu neben der Bevorratung von deftigem Selbstgeschlachteten und der rechtzeitigen Bestellung ungeheuerer Mengen von Fleisch und Gemüse natürlich das Backen unzähliger Schmand- und Cremekuchen gehörte.

Die Mariengrotte in Struth

Bis heute hat dabei in den Dörfern des Eichsfeldes der in wirtschaftlichen Notzeiten entstandene Brauch Bestand, dass die Dorfgemeinschaft Tage vor dem großen Ereignis sogenannte Backspenden – wie Sauerrahm, Butter und Eier – ins Hochzeitshaus liefert. Heute ist das ein Zeichen für gesunden dörflichen Zusammenhalt, zu DDR-Zeiten aber waren solche Beihilfen wie Pfirsich-, Ananasscheiben oder Mandarinenkonserven mehr als nur eine freundliche Geste nachbarschaftlicher Verbundenheit.
Im Mittelpunkt der Hochzeitsfeier aber stand das Festmahl am ersten Hochzeitstag, das bis heute mit einer kräftigen Hochzeitssuppe eingeleitet wird. Dann folgen gemischte Schweins- und Rinderbraten und die obligatorische gekochte Ochsenbrust mit Meerrettichsauce. Dazu reichen die Gastgeber in zahlreichen Dörfern traditionell neben Kartoffeln, armen Rittern und halbseidenen Klößen einen . . . Bohnensalat in Schmandsauce.
Womit sich der Kreis zu unserem Ausflug in die »Linde« auf harmonische Weise schließt, denn wie uns Herbert aufklärte, bestellen noch heute Hochzeitsgesellschaften genau solche Mengen an Essen, wie sie früher in den privaten Küchen zubereitet wurden. Vielleicht, weil man sich am zweiten Hochzeitstag nicht auf die verkümmerten hausfraulichen Fertigkeiten heutiger Bräute verlassen möchte.
Mittlerweile hatten auch wir gegessen und dabei aus einer überschaubaren Anzahl von heimischen Gerichten gewählt, die uns durch ihre sorgfältige klassische Zubereitung überraschten. Ja sogar im Falle eines zarten Rinderbratens und eines absolut perfekt gebratenen Braumeistersteaks, mit einer Eleganz überzeugten, die ich der Köchin des Hauses, Herberts langjährigem Eheweib Leni, nicht zugetraut hätte.
Draußen begann es zu Dämmern. Nach und nach wurde es am Stammtisch enger und ohne zu fragen, erfüllte Herbert die tausendfach geäußerten Wünsche der gewichtigen Herren, die sich wie eh und je mit Pils und Klarem auf die ernsthaften Wirtshausdebatten kommunaler und globaler Politik einstimmten.
»Nur Gekartet wie früher wird nicht mehr«, bedauerte Herbert, ». . . und auch die dicken Zigarren sind längst Geschichte.«
Plötzlich zog der unvergesslich beißende Geruch einer gefürchteten Dingelstädter »Sprachlos« durch den Gastraum und trieben mir die Tränen in die Augen.
Keine Tränen der Rührung!

Gasthaus »Zur grünen Linde«

Familie Jakobi
99976 Struth
Telefon: 03 60 26-9 02 04
www.pension-gruene-linde.de

Jakobis mögens klassisch: Variationen von der gepöckelten Rinderzunge

Außer Worbis gibt es nur noch wenige andere Orte in Thüringen, die noch heute jene Spitzwegsche Gelassenheit ausstrahlen, wie sie einst den Alltag der meisten deutschen Kleinstädte prägte. Eine Eigenschaft, die ich auf gar keinen Fall belächeln möchte, handle ich doch selbst nach turbulenter Schussfahrt durchs Leben immer öfter nach der alten Weisheit »In der Ruhe liegt die Kraft« – ein Leitgedanke, der aus dem Eichsfeld stammen könnte. So lässt dann auch der flüchtige Blick in die wechselvolle Geschichte dieser Region vermuten, dass die Worbiser es augenscheinlich dieser »Kommst-Du-Heute-Nicht-Kommst-Du-Morgen-Mentalität« verdankten, dass sie selbst magerste wirtschaftliche und kulturelle Talfahrten ohne ernsthafte Blessuren schadlos überstanden.

In der Ruhe liegt die Kraft

10

Worbis

Folgerichtig zeichnete sich die in einer Schenkungsurkunde des Erzbischhofes von Mainz erstmals im Jahre 1162 erwähnte Stadt (Sprachforscher vermuten aber im ursprünglichen Namen »Wurbeke«, dass der Flecken mit Sicherheit schon im 9. Jahrhundert besiedelt war) auch nicht durch besondere hektische Aktivitäten aus. Weder ein Feldzug, noch ein Friedensvertrag wurde nach Worbis benannt, noch schwangen sich tapfere Worbiser Recken, ähnlich wie Müntzer und Pfeiffer, im nahen Mühlhausen über die schützenden Wehrmauern, um für die Befreiung der Menschheit eine Lanze zu brechen. So besehen, waren die Schelmereien der Lausbuben mit das Mutigste, was in der »streitbaren« Worbiser Geschichte Spuren hinterlassen hat. Deren Angewohnheit nämlich, aus sicherer Entfernung mit Pusterohren in den offenen Auslagen der Bäcker frisch gebackene Krengel (Gebäck in Kranzform) von den Stangen zu »schießen« und diese anschließend auf der Flucht vor Obrigkeit und Volkszorn geschickt zu verteidigen, bescherte den braven Bürgern ihren nicht ganz so draufgängerischen Spitznamen »Krengeljäger«.

Ganz im Gegenteil gelang es den Bürgern ob ihrer Artigkeit sogar, sich unter der seit 1373 gemeinschaftlichen Herrschaft der Landgrafen von Thüringen und der Mainzer Kurfürsten einigermaßen einzurichten. Mit außerordentlicher Leidensfähigkeit ertrugen sie später ebenso die verheerende Zerstörung ihrer Stadt während des Dreißigjährigen Krieges, den nur 322 Einwohner überlebten, wie die entsetzliche Pestepidemie am Ende des 17. Jahrhunderts. Ihre endgültige Erfüllung jedoch schienen sie gefunden zu haben, als sie 1802 – unterbrochen von kurzzeitiger napoleonischer Fremdherrschaft – unter Preußens Kuratel gestellt wurden. Es folgte eine von preußischen Beamtentugenden geprägte Epoche, die erst 1945 damit endete, dass das Eichsfeld Thüringen zugeschlagen wurde, in der die Obrigkeit im Gegenzug für die Einstellung jeglicher revolutionärer Bestrebungen die Bürger erstmals in ihrer Geschichte mit bescheidenem Wohlstand belohnte. Resümierend kann also festgestellt werden, dass sich in Worbis ein friedfertiges Kleinklima entwickelte, das bis in unsere Tage die Stadt mit einem wärmenden Tuch bedeckt, das über Generationen hinweg aus Harmonie, Duldsamkeit und Gottvertrauen gewebt wurde.

Das hatte zur Folge, dass sich das romantische Städtchen besonders zu DDR-Zeiten bei den FDGB-Urlaubern außerordentlicher Beliebtheit erfreute. Ein Höhenflug, der bedauerlicherweise schon kurz nach dem Mauerfall mit derselben Rasanz endete, wie das Interesse aus den alten Bundesländern an den Angegliederten nachließ. Zusehends verfiel die Region in einen touristischen, leider aber auch wirtschaftlichen Tiefschlaf, der das Gemeinwesen ähnlich paralysierte, wie der bis heute unvergessene harte Winter 1962/63, der das Eichsfeld über Wochen hinweg erstarren ließ.

Mitten hinein in diese eiszeitlichen Lähmungserscheinungen jedoch platzte unerwartet das Wunder von Worbis, als man sich im Jahre 1997 dazu entschloss, aus den Fragmenten eines 1959 eröffneten bescheidenen Tierparks einen alternativen Bärenpark zu gründen. Ein genialer Geistesblitz, der seit Jahren wie ein Magnet jährlich Tausende Besucher nach Worbis zieht.

Schließlich hatte das zur Folge, dass besonders die historische Altstadt heute ihre Besucher in einem dermaßen einfühlsam restaurierten Gewand empfängt, dass den Liebhabern fachwerklicher Anmut wahre Glücksschauer über den Rücken laufen.

Grund für mich, nach gastronomischen Einkehrmöglichkeiten zu forschen, deren Angebote einen ähnlichen Freudentaumel auslösen wie das behagliche Kleinstadtambiente. Eine Suche, die recht bald darin mündete, dass wir dem Hotel »Drei Rosen« unsere Aufwartung machten, das uns der Buschfunk empfahl. Nun sind solche Eichsfelder Empfehlungen besonders Fremden gegenüber oft mit Vorsicht zu

Worbiser »Krengeljäger«

Alternativer Bärenpark in Worbis: Hier finden Bären aus vormals tierquälerischen Haltungen ein neues Zuhause.

Wirtspaar Fassbinder beim Bändigen einer Forelle »Blau«

genießen. Doch schon der erste flüchtige Eindruck auf das mit heller Eiche ausgestattete gepflegte Interieur verriet uns, dass hier nicht nur innenarchitektonischer Gleichklang herrscht. Vielmehr ließen zahlreiche Details auf Anhieb erkennen, dass über der Szenerie eine wohltuende weibliche Hand wacht, die unabhängig von kostspieligen Investitionen jene Geborgenheit schafft, mit der weltweit fremde Restaurationen stillschweigend als vorübergehender Heimatersatz akzeptiert werden.
So setzt sich das ebenfalls gepflegte historische Fachwerkambiente des »Drei Rosen« also auch nahtlos im Inneren in Wohlbefinden um.
Doch Vorsicht! Was so aussieht wie gewachsene Bausubstanz ist ein mit Scheinbalken geblendeter Neubau, den die aus Duderstadt zugereisten Eichsfelder Hans-Peter und Regina Fassbinder erst im Jahre 1994 in der Nähe jenes Standortes errichtet haben, an dem ursprünglich das alte »Drei Rosen« stand, welches 1860 dem vernichtenden Stadtbrand zum Opfer fiel. Wie gesagt, zu keinem Zeitpunkt und in keinem Winkel des großzügigen Anwesens überfällt den Gast das Gefühl, als Opfer einer auf alt getrimmten Disneykultur veralbert zu werden. Stattdessen verbirgt sich hinter dem hervorragend adaptierten Brauchtum der Luxus zeitgemäßer Bequemlichkeit.
Eine erfreuliche Fortsetzung bildete das umfangreiche Speiseangebot. Fest auf den Säulen regionaler

Wölfe im Alternativen Bärenpark Worbis

Gaumenfreuden verankert, überzeugte uns vor allem die Frische und Natürlichkeit der verwendeten Produkte. Besonders augenfällig bei den Forellen aus der nahen Worbiser Fischzucht, die man in einem Bassin vorhält und die je nach Bedarf frisch geschlachtet als Forelle »Blau«, »Müllerin« oder warm aus dem hauseigenen Rauchfang angeboten werden.
Neben dem unverwüstlichen Eichsfelder Sortiment der Deftigkeit, wie Bierpfeffer (11,50 Euro), Ochsenfleisch mit Meerrettichsauce (9,80 Euro), Schlachteplatten in unterschiedlichen Varianten, in herbstlicher Zeit nicht wegzudenkende Gänse- und Entenbraten sowie einer kompletten Auswahl landestypischer Wurstspezialitäten, verwöhnt man die Gäste aber auch mit internationalen Genüssen. Kitzelt die Gaumen mit Rumpsteaks à la »Südfrankreich« (18,90 Euro) oder »orientalisch« (18,10 Euro) ebenso wie mit sanft in Olivenöl gegrillten Scampis auf gebratenen Tomaten (9,90 Euro) oder einer vorzüglichen Suppe aus Meeresfrüchten, die inmitten des rauen Eichsfelds mit erstaunlichem frankophilen Feingefühl überrascht.
Höhepunkt aber bildet ein Feuerwerk einheimischer Wildgerichte. Neben einem besonders zarten Frischlingsbraten (16,80 Euro) und Hirschstreifen à la »Ganghofer« (18,90 Euro) verwandeln dabei die Köche des Hauses die ausgelebte Jagdleidenschaft ihres Chefs Hans-Peter in wohlschmeckende Realität. Nur die »Worbiser Bärenpfanne« (15,90 Euro) ist getürkt und wird – wie vor einigen Jahren durchaus noch üblich – nicht aus dem Fleisch von Meister Petz, sondern aus zarten Schweinelendchen zubereitet. Das ist klug, denn nur Dumme schlachten die Gans, die goldene Eier legt.

(Mein besonderer Dank gilt Herrn Theo Bauer, dem Vorsitzenden des Geschichtsvereins Worbis, der mir zu tiefen Einblicken in die Geschichte der Region verhalf.)

HOTEL »DREI ROSEN«

Familie Fassbinder
Bergstraße 1
37339 Worbis
Tel. 03 60 74–97 60
Fax 03 60 74–9 76 65
www.3rosen.de

Forelle »Blau«

Wenn man die L2104 hinter Oberdorla in Richtung Heyerode wählt, beginnt die Straße hinauf in die südliche Eichsfeldgemeinde auf einer Strecke von rund acht Kilometern allmählich bis auf 349 Meter ü. NN anzusteigen.

Der Herbert Roth des Eichsfelds II

Heyerode

Ähnlich wie bei meiner Exkursion nach Struth befielen mich schon während dieser Anfahrt dermaßen viele Jugenderinnerungen, dass ich sogar versäumte, einen Blick auf das imposante Wildgatter zu werfen, das seit vielen Jahren den aus dem nahen Mühlhausen heraus führenden Weidenseeweg säumt.

Längst waren meine Gedanken in eine Zeit abgedriftet, in der ich als Jugendlicher in den schneesicheren Wintermonaten gemeinsam mit einigen Freunden fast jeden Sonntag nach Heyerode aufbrach, um dort Wintersport zu treiben.

Angereist waren wir damals mit einer jener schnaufenden Dampfloks, die ihren Dienst wahrscheinlich kurz vor dem Ersten Weltkrieg auf der Bahnlinie Mühlhausen–Treffurt angetreten hatten. Besonders der Anstieg bereitete den altersschwachen Vehikeln, die nicht selten unterwegs sogar gewartet werden mussten, so viel Mühe, dass wir scherzhaft mit dem alten Kalauer flachsten, wonach Blumenpflücken während der Fahrt verboten sei.

Als der Zugverkehr auf dieser unrentablen Strecke im September 1968 eingestellt wurde, fiel das fast auf den Tag genau mit dem Ende unserer Jugendzeit zusammen, denn nur wenige Monate später gingen wir, in alle Winde verstreut, jeder für sich seinen Weg.

Diese Ausflüge liefen damals alle nach einem festen Ritual ab: Nach dem Aussteigen am Bahnhof Heyerode, der außerhalb vom Ort lag, schulterten wir die Bretter und begaben uns in die nur einige Schritte entfernte Waldgaststätte »Grenzhaus«, wo wir in der Veranda eine Tafel zusammenrückten. Bei heißem Tee, Schnippelsuppe, Bockwurst oder Hackepeter

Blick auf Heyerode

Täglich treffen sich im Gedenken an die im September 1968 eingestellte Bahnlinie Mühlhausen–Treffurt bis zu zwölf Ruheständler der »Ein-Uhr-Zug-Wanderfreunde«. Sie gaben sich ihren Namen in Erinnerung an den um 13:00 Uhr am Bahnhof Heyerode haltenden Zug. V. l.: Alfred Marx, Werner Uthe, Josef Uthe, Willi Bauer und Franz Josef Henning.

Hinter dem Tor beginnt das Eichsfeld

1650

Kunstmaler Karl-Heinz Vogeley bei der Arbeit

diskutierten wir dann bis in den frühen Nachmittag über Gott und die Welt. Erst dann schnallten wir die Bretter unter die Füße und stürzten uns wagemutig in die Abfahrt, die uns in kürzester Zeit nach Mühlhausen katapultierte. Nur den Ort Heyerode, den betraten wir damals eigentlich nie. Erst in den Neunzigern des vorigen Jahrhunderts, als ich mich mit dem Kunstmaler Karl-Heinz Vogeley anfreundete, lernte ich die beschauliche Gemeinde, die verwaltungstechnisch noch zum Unstrut-Hainich-Kreis gehört, schätzen und lieben.

Karl-Heinz, ein konservativer Boheme der schönen Künste, hatte sich sein Atelier im historischen Grenzhaus eingerichtet, einem Bauwerk am Ortseingang, das um 1400 von den Mühlhäusern (ähnlich wie der Mühlhäuser Landgraben) zum Schutz gegen den marodierenden Eichsfelder Adel errichtet wurde. Nach der Zerstörung im Dreißigjährigen Krieg wieder neu aufgebaut, steht das fachwerkgestrickte und vom Künstler höchstselbst liebevoll restaurierte Grenzhaus fast auf den Meter genau auf der Grenzlinie zwischen dem Eichsfeld und dem »restlichen« Thüringen.

Noch immer führt die Landstraße durch die Tordurchfahrt (!) des Hauses. Für Reisende nur ein flüchtiger Schritt; für die beiderseits der unsichtbaren Grenze fest verwurzelten Sitten und Gebräuche aber bis heute eine Trennlinie, an der sich seit Generationen die Geister scheiden.

Unser Besuch in Heyerode aber war keine Forschungsreise zur Erkundung von Animositäten, sondern das Resultat des noch immer reibungslos funktionierenden Thüringer Buschfunks. Der hatte uns nämlich signalisiert, dass in der malerischen Gemeinde seit 2001 der einheimische Fleischermeister Herbert Fritsch in seinem Hotel »Zum Eichsfelder Fleischer« zu Schlachtefest mit Livemusik einlädt.

Dazu hat sich der wendige Endfünfziger mit dem Umbau einer ehemaligen Zigarrenfabrik in ein Hotel mit integrierter Schaufleischerei nicht nur einen lang gehegten beruflichen Traum erfüllt, sondern sich obendrein seiner Leidenschaft für Volksmusik eine Bühne geschaffen, auf der er als unumstrittener Im-

pressario herrscht. So verwundert es nicht, dass ausschließlich er seit Jahren zwischen Schüsselsülze und Stracke ein munter futterndes Publikum mit volkstümlichen Klängen verwöhnt. Dabei schwingt er sein Akkordeon im Takte der Kaumuskeln der schmatzenden Kundschaft und verführt ungeniert bei »Herz, Schmerz und dies und das …« zu eindeutigen Verstößen gegen jegliche Grundsätze kalorienbewusster Ernährungslehren. Alles in allem derart leckere Aussichten, dass ich mich mit appetitlicher Vorfreude und leerem Magen auf den Weg machte.

Übrigens, das funktioniert nur mit Voranmeldung, denn diese Einrichtung zur Regeneration für Leib und Seele öffnet ihre Pforten nicht für den sporadischen Einkehrer, sondern arrangiert ihre Aufführungen ausschließlich nach gruppenorientierten Drehbüchern.

Herbert und Marco Fritsch

Was mir leider, wie sich später herausstellte, in seiner vollen Tragweite nicht bewusst war. Zuerst einmal mussten wir den Sänger Fritsch in seiner Dependance in der Johannesstraße aufstöbern. Dort schlägt mit einer gut sortierten Tante-Emma-Kaufhalle, einer Landfleischerei und einem florierenden Partyservice das Herz des erfolgreichen Familienunternehmens, wozu seit einigen Jahren Sohn Marco als Fleischermeister sein Scherflein beiträgt.

Doch zurück zum Herbert. Der hatte unseren Termin zwischen all den Vorbeitungen für seinen abendlichen Auftritt glatt verschwitzt. Außerdem warteten mehrere kalt-warme »Außer-Haus-Buffets« auf leckere Vollendung. Was reine Chefsache sei, wie er beteuerte. Trotz seiner Zeitnot nahm sich der Fleischer Zeit für ein Gespräch und führte uns durch sein liebevoll gestaltetes Fleischereimuseum, den proppevollen gläsernen Wurstreiferaum, nicht locker lassend, bis wir auch seine Bundes-Kegelbahn in Augenschein genommen hatten, auf welcher der überfressene Gast die Plage der Völlerei postwendend an der Wurzel packen kann. Dreh- und Angelpunkt aber bildet das Schlachthaus mit angegliederter Gaststube. Dort kann der Besucher hautnah – besonders für kühlthekenorientierte Städter sicherlich ein außergewöhnliches Mysterium – miterleben, wie nach althergebrachter Eichsfelder Tradition ein von »echten« Bauern aus der Region gemästetes Schwein in wahnsinnig appetitliche Wurst verwandelt wird. Und je nachdem, ob man sich entschließt, nur stiller Beobachter zu sein oder als Statist selbst auf der Wurstbühne zu agieren, wird so ein Hausschlachte-Kalorienstadl bei Klarem und Gehacktesbrot in jedem Fall zu einem unvergesslichen Erlebnis. Und während im Schlachtraum alle Register der Eichsfelder Würzung gezogen werden, schnallt sich der Herbert sein Akkordeon um und bläst mit »Pflaumenlied« und »Kirmeswalzer« zum Angriff auf die zivilisatorischen Zipperlein seiner zusehends lockerer werdenden Klientel. Das hat er natürlich auch uns demonstriert. Ohne Vorwarnung schmiss er einen von ihm selbst kreierten elektronischen Leierkasten an, haute mit der Verzückung eines Vollblut-Volksmusikbarden in die Tasten jener Herbert-Roth-Ziehharmonika, die er einst in Ehrfurcht vor seinem Idol ersteigerte. Dabei schmetterte er, in den Kniekehlen wippend, voller Inbrunst das Eichsfeldlied und forderte sein imaginäres Publikum auf, doch endlich mitzuschunkeln.

Ja, er steigerte sich dermaßen, dass ich insgeheim befürchtete, er könne einen Posten Rheumawäsche auspacken, um diese gewinnbringend zu verscherbeln. Nur, wir saßen mittlerweile wie ein hungriges Häuflein Elend in der Gaststube und baten unsere knurrenden Mägen um Verzeihung, denn bei aller Euphorie hatte der singende Fleischer sicherlich vergessen, uns auch von seinen leiblichen Genüssen zu überzeugen …

Hotel »Zum Eichsfelder Fleischer«

Herbert Fritsch
Karlstraße 24
99988 Heyerode
Telefon: 03 60 24 – 8 08 95 22

Landfleischerei und Partyservice

Marco Fritsch
Johannesstraße 30
99988 Heyerode
Telefon: 03 60 24 – 8 03 73
www.eichsfelder-fleischer.de

Erstmals anfangs des 13. Jahrhunderts läuft der Name Wintzingerode der Geschichtsschreibung über den Weg. Der edelfreie (aus Edelfreien entwickelte sich im heiligen Römischen Reich der Hochadel) Bertoldus de Wincigeroth wird damals in einer Stiftungsurkunde des Klosters Reifenstein als Zeuge benannt.

Der »Katharinenquell« sprudelt wieder

12

Wintzingerode

Die Erwähnung seines Wohnsitzes lässt außerdem die eindeutige Schlussfolgerung zu, dass sich die adligen Stammväter des späteren Grafengeschlechts schon vor diesem Datum nahe von Worbis im Schutze der Ausläufer des Ohmgebirges häuslich eingerichtet hatten. Zu jenem Zeitpunkt bewohnten die Herren von Wintzingerode übrigens noch nicht die Burg Bodenstein, die ursprünglich, so vermuten die Historiker, als Grenzposten zwischen den Stämmen der Sachsen und Franken errichtet worden war. Später dann von Heinrich I. (876–936) zum Schutze gegen die Einfälle der Ungarn befestigt, diente die Burg den frühen Sachsenkaisern als liudolfingisches Hausgut. Erst im 16. Jahrhundert erwarb Barthold von Wintzingerode die Burg für 700 Goldgulden und 100 Taler, was übrigens zu handgreiflichen Familienstreitigkeiten führte, die letztendlich darin mündeten, dass Barthold durch ein Blutgericht zum Tode verurteilt und enthauptet wurde. Die sonstige Historie verlief im Gleichschritt mit der des Eichsfeldes und wäre nicht weiter erwähnenswert, wäre da nicht im 16. Jahrhundert (1530) dieser ungeheuere Fauxpas gegen alle damals in diesem von den Kurmainzern regierten Landstrich gängigen Sitten und Gebräuchen gewesen, als sich die aus Wintzingerode auf die Seite der lutherischen Reformation schlug. Zwangsläufig hatte das zur Folge, dass auch alle Untertanen der Wintzingeröder Herren sich diesem Glaubensbekenntnis zu unterwerfen hatten. Selbst die Gegenreformation der römisch-katholischen Kirche konnte übrigens an dieser Konstellation nicht rütteln. Obwohl es zu teilweise heißblütigen Auseinandersetzung zwischen den Protestanten und dem Erzbistum in Mainz kam, wurde 1555 im Augsburger Reichs- und Religionsfrieden den Wintzingerödern das Recht zugesichert, nach ihrem Glauben selig zu werden.

So ähnelt bis heute diese protestantische Enklave mitten im Eichsfeld (insgesamt fünf Dörfer aus dem ehemaligen Einflussbereich des Adelsgeschlechts) dem widerspenstigen gallischen »verrückten« Dörfchen, in dem Asterix und seine Gefährten sich einst erfolgreich gegen die Angriffe der Römer wehrten.

Keinesfalls lässt das aber den Rückschluss zu, dass die Wintzingeröder ein ebenso rebellisches Völkchen wie die Gallier sind. Im Gegenteil. Dem Durchreisenden präsentiert sich Wintzingerode mit derselben fachwerkträchtigen Beschaulichkeit wie fast alle

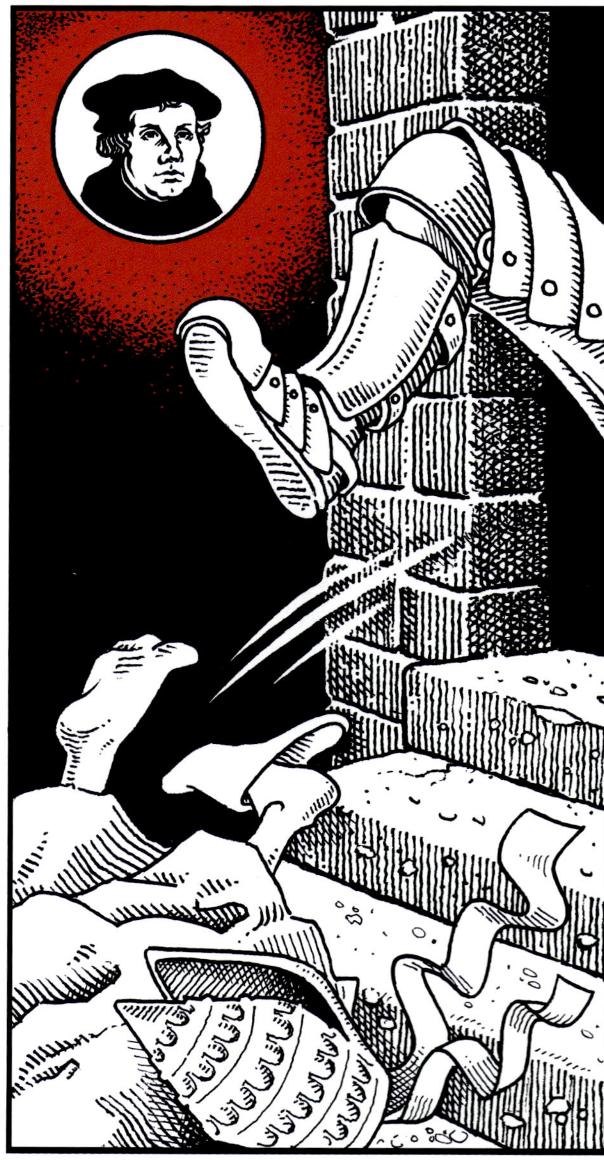

anderen gewachsenen Dörfer im Eichsfeldischem. In den verwinkelten Gässchen werden keine Emotionssalven verfeuert, lauern keine Heckenschützen. Vielmehr tragen die braven Bürger die Lasten und Freuden des Alltages mit Würde, Anstand und Berechenbarkeit. Eigenschaften, die vielleicht dafür verantwortlich sind, dass man die Wintzingeröder scherzhaft »Zainböcke« – Ziegenböcke – nennt, denn diese Tiere zeichnen sich durch große Geduld und rechtschaffene Geradlinigkeit aus. Leider verliefen weitere Recherchen hinsichtlich des Ursprungs dieses Scherznamens im Sande. So kann auch getrost ausgeschlossen werden, dass es der von Luther entfachte »frische« Wind gewesen war, der in den Neunzigern des vorigen Jahrhunderts den norddeutschen Sternekoch Dieter Gerdes in den überschaubaren Sechshundert-Seelen-Flecken gelockt hat. Der hatte sich vielmehr in die in Beton gegossene Hinterlassenschaft des ehemaligen Ferienheimes des VEB Eichsfelder Zementwerk Deuna vernarrt, in dem sich die Werktätigen einst von den Strapazen anstrengender Arbeitsschlachten erholt haben.

Ein ideales Objekt für sein Vorhaben, wie er fand, um hier in der unberührten Naturkulisse der abtrünnigen Diaspora das erste Trennkost-Gourmethotel und Restaurant Deutschlands zu eröffnen. Durchdrungen von der Tatkraft eines vom Feinschmeckervirus befallenden Prospektors (sucht Bodenschätze) verwandelte Dieter Gerdes in kürzester Zeit das spröde und plumpe Plattenbauerbe der sozialistischen Ferienwirtschaft in ein luftig, fast mediterran anmutendes Nest der Sinnesfreuden.

Leider stieß sein ehrgeiziges Engagement kaum auf regionale Gegenliebe. Woran er nicht ganz schuldlos war, denn er verzichtete in seinem Angebot gänzlich auf den Einsatz regionaler Erzeugnisse und verweigerte Feldgieker & Co. hartnäckig den Einzug auf seine Speisekarte. So war er größtenteils auf auswärtige Kundschaft angewiesen. Letztendlich war das wohl auch der Grund dafür, dass sich der Gourmet-Impressario nach mehrjährigem und wie ich finde, trotzdem sehr kurzweiligem Gastspiel, nach einer anderen Bühne umsah und vor zwei Jahren das Eichsfeld wieder verließ, was ich persönlich außerordentlich bedauerte, denn das ausgefeilte internationale Repertoire des Maestros faszinierte mich Bissen für Bissen, vor allem wegen seiner eleganten Machart. Erfreulich dagegen, dass Dieter Gerdes, anders als zahlreiche ähnlich an unseren Küchen-Gepflogenheiten gescheiterte West-Gastronomen, einen geordneten Rückzug antrat und keine verbrannte Erde hinterließ.

Ja, er konnte seinen ehemaligen Kellner Christian Gräser sogar davon überzeugen, das Haus in seinem Sinne – wenn auch nicht in seinem Stil – weiter zu führen.
Obwohl jung an Jahren, war der im Eichsfeld beheimatete Junggastronom so umsichtig, das freundliche Ambiente in Hotel und Restaurant beizubehalten, änderte nur den Namen »Landhotel Gerdes« in Waldhotel »Katharinenquell« und bezieht sich damit auf einen grundstückseigenen Born, der jedes Jahr pünktlich am Sommeranfang versiegt und am 25. November, dem Namenstag der heiligen Katharina, zu sprudeln beginnt.
Wichtiger aber war, dass er vom ersten Tage an seine Zutaten in der Region orderte. So lässt er sich die Forellen von der Worbiser Fischzucht liefern (»Blau« oder »Müllerin« für 15,20 Euro) und bezieht das Fleisch für den saftigen »Thüringer Kräuterbraten« mit Klößen (9,80 Euro), die herzhafte »Thüringer Bauernpfanne« (13,50 Euro), den Grillteller »Bodenstein« (13,50 Euro) und das »Eichsfelder Bergbauernschnitzel« (11,20 Euro) sowie das umfangreiche traditionelle Eichsfelder Wurstsortiment aus der be-

Hausherr Christian Gräser

währten Familienfleischerei Müller in Niederorschel. Komplettiert wird das derzeitige vorweihnachtliche Angebot natürlich mit Gans und Ente sowie einer Fülle von Wildgerichten. Nur Soljanka und Würzfleisch verweigert man sich vehement. »Das sind Fremdkörper, die auf einer traditionellen Eichsfeldkarte nichts zu suchen haben«, bemerkt er kokett im Vorübergehen und schleppt eine im Eichsfelder Brauchtum verwurzelte Riesenportion »Spaghetti Mediterran« (9,80 Euro) an den Nebentisch.

Alles in allem vertrauensbildende Maßnahmen, die auch dazu beitrugen, dass sich nach und nach immer mehr Gäste aus dem näheren Umfeld einstellten – ja, mittlerweile sogar ihre Familienfeiern im Hause zelebrieren. Und das, obwohl mit Andreas Bartow ein Berliner Küchenchef die Kellen schwingt. Doch Bartow, der seinen Beruf im renommierten Palasthotel erlernte, ist trotz stattlicher Leibesfülle ein sensibler Vertreter seiner Zunft. Was ihn befähigte, schon nach kurzer intensiver Geschmacksanalyse des Eichsfelds selbst aus den Informationen des örtlichen Telefonbuches solche Rückschlüsse auf die geschmackstypischen Eigenarten dieses Landstriches zu ziehen, dass er heute glatt als einheimischer Koch durchgeht. Nur den Mund darf er nicht aufmachen. Der Dialekt würde ihn verraten.

Das junge Gespann ist sich natürlich bewusst, dass es sich trotz beachtlicher Etappenerfolge nicht ausruhen darf, denn jede noch so zaghafte Stagnation würde das mühsam geflochtene Band zwischen ihnen und ihren Gästen abrupt zerreißen lassen.

Dafür wünsche ich Ihnen jenes Quäntchen Glück, das auch der Erfolgreichste benötigt, um sich dauerhaft zu etablieren.

WALDHOTEL »KATHARINENQUELL«

Christian Gräser
Schloßstraße 9
37339 Wintzingerode
Telefon: 03 60 74-3 50
www.waldhotel-katharinenquell.de

Rosa Rehrücken mit Steinpilzen und Schupfnudeln

Es gibt Orte in Thüringen, die ich nach Möglichkeit nur zu ganz bestimmten Jahreszeiten aufsuche. Im Frühling zum Beispiel verweile ich gern auf einer der zahlreichen Obstplantagen der Fahnerschen Höhen und lasse ich mich vom Duft der Blüten betören.

Auf »Ewige Zäiten« alltagstauglich

13

Wüstheuterode

Später, im Sommer dann, zieht es mich oft hinaus auf die Felder der Goldenen Aue. Dort genieße ich den würzigen Geruch reifen Getreides und lausche dem Concerto grosso der Grillen.
Spätsommer und Herbst indes gehören eindeutig dem Hainich. Widerstandslos ergebe ich mich seiner farbenprächtigen Ursprünglichkeit und lasse mich von der filigranen Mystik stiller Altweibersommertage gefangen nehmen.
Mein Winter jedoch kennt viele Ziele. Da locken der Rennsteig um Masserberg ebenso wie die grandiose Aussicht vom Inselsberg auf das verschneite Thüringer Becken oder die Loipen um Oberhof. Emotionaler Höhepunkt meiner jährlichen Exkursionen ist aber die Adventszeit. Dann, wenn die Seele nach einer Atempause verlangt, zieht es mich je nach Stimmungslage auf den malerischen Wartburg-Weihnachtsmarkt oder ich lasse mich in der illuminierten Kulisse des Erfurter Domplatzes treiben.

Frühlingsblick auf Wüstheuterode

Doch zwischen all diesen Ritualen meiner vorweihnachtlichen Brauchtumspflege hat sich vor einigen Jahren ein scheinbarer Irrläufer eingeschlichen, der auf den ersten Blick so überhaupt nichts mit den allgemein praktizierten weihnachtlichen Gepflogenheiten gemein hat: ich mache mich auf den Weg in die kleine eichsfeldische Gemeinde Wüstheuterode. Ein 600-Seelen-Dörfchen, das dem oberflächlichen Betrachter pure Lethargie vortäuscht. Doch dahinter verbirgt sich jene charakteristische Eichsfelder Gelassenheit, die seit Generationen den Bewohnern nicht nur ein friedliches Zusammenleben, sondern auch einen bescheidenen Wohlstand beschert hat. Begrenzt vom Knappberg und der Lenteröder Warte im Norden, dem Lengenberg im Westen und der Hardt im Süden, verströmt die erstmals 1338 urkundlich als »Hadewartherode« erwähnte Gemeinde eine pazifistische Gelassenheit. Allein der Ortsname schreckt ein wenig auf, lässt auf eine unheilvolle Vergangenheit schließen. Eine Vermutung, die beim Blick in die Chronik bestätigt wird. Das Dörfchen wurde nämlich im Jahre 1425 im Zuge einer Fehde zwischen den aus wirtschaftlicher Not zum Raubschatzen gezwungenen Hahnsteinern und der Freien Reichsstadt Mühlhausen dem Erdboden gleich gemacht. Lange Zeit lag der Ort »wüst« darnieder, was letztendlich dazu führte, dass das Jahrzehnte später an gleicher Stelle erneut gegründete Dorf Hauterode den Beinamen Wüstheuterode erhielt. Eine Kennzeichnung, die 1806 zur offiziellen Ortsbezeichnung erhoben wurde. Die mutigen Gründungsväter sollen ihren Neuanfang übrigens mit der Begrüßungsfloskel »Auf Ewige Zäiten« (ewige Zeiten), worauf der Gegenüber »Amen« antwortete, bekräftigt haben. Eine Marotte, die ihnen lange Zeit Spott eingetragen hatte, heute aber fast völlig in Vergessenheit geraten

ist. Trotz dieser martialischen Vergangenheit ist Wüstheuterode ein Hort der Friedfertigkeit. Sicherlich einer der Beweggründe, dass es mich Jahr für Jahr im Advent hierher zieht. Doch es ist auch dieses blitzsaubere dörfliche Flair, das mich, so wie viele andere Besucher, seit Jahren in die von Fachwerk und roten Ziegeldächern geprägte Vorzeigegemeinde fahren lässt. Die wurde 1992 nicht nur zum schönsten Dorf Thüringens gekürt, sondern ein Jahr später im Bundeswettbewerb »Unser Dorf soll schöner werden« mit einer Silbermedaille ausgezeichnet. Abseits aller vorweihnachtlichen Hektik begegne ich dort Menschen, die sich ihren freien Blick für die Realität bewahrt haben und mit wohltuender Zielstrebigkeit, aber ruhiger Hand ihr Tagwerk in Angriff nehmen. So, wie der in Ehren ergraute Ortsbürgermeister Joseph Pflume, mit dem mich seit Anfang der neunziger Jahre erst ein berufliches, später ein freundschaftliches Verhältnis verbindet.

Ortsbürgermeister Josef Pflume

Gasthaus & Pension »Am Anger«

Als die Einwohner Wüstheuterodes den heute Siebzigjährigen bei den ersten freien Wahlen nach der Wende mit großer Mehrheit zum Ortsvorsteher wählten, geschah dies auch in der Hoffnung, dass er in die Fußstapfen seines erfolgreichen gleichnamigen Großvaters treten würde.
Pflume senior wurde 1914 zum Bürgermeister gewählt und leitete seinerzeit die Modernisierung des Dorfes ein. Er ließ die ersten Straßen befestigen, war Initiator der Gründung einiger Sportvereine, darunter des populären und bis heute gedeihlichen »SV Germania 1921«, der sich seit vielen Jahren in der Fußball-Bezirkliga behauptet. Höhepunkt seiner Tätigkeit war aber sicherlich die Errichtung des elektrischen Ortsnetzes im Jahre 1923.
Bis 1946 führte der alte Pflume gewissenhaft die Amtsgeschäfte, bis ihn ein komplizierter Handbruch an seinem 79. Geburtstag zwang, den Posten an den Nagel zu hängen.
Bleiben also noch einige Jahre, die der »junge« Joseph Pflume nutzen kann, um seinen Ort noch attraktiver zu gestalten.
Natürlich verbinde ich meine Weihnachtsvisite auch immer mit der Einkehr in eines der drei Gasthäuser des Dorfes. Besonders das Gasthaus »Am Anger« hat es mir angetan, entspricht es doch schon rein äußerlich meinen Vorstellungen einer über Generationen gewachsenen dörflichen Einkehr.
Das Kuriose an der Sache ist nur, dass der »Anger« keinerlei Tradition vorzuweisen hat, sondern seine Existenz ausschließlich der Tatsache verdankt, dass es das Geburtshaus der Wirtsfrau Rita Henkel ist. Die hatte nach der Wende zwecks beruflicher Neuorientierung gemeinsam mit ihrem Ehemann Gerhard beschlossen, von Worbis in ihren Heimatort Wüstheuterode zurückzukehren.
Der Gerhard hatte übrigens zuvor drei Jahrzehnte lang seine Brötchen in einer Autowerkstatt verdient

Willkommen bei Rita und Gerhard Henkel

Deftige Schweinskeule mit marktfrischem Gemüse

und spürte schon länger den unbändigen Wunsch, sich als Wirt zu beweisen. Einen Traum, den er jetzt in die Tat umsetzen konnte.

Derart entschlossen, kauften die beiden der Bewirtungsbranche Verfallenen also der Gemeinde das stark angeschlagene Angergrundstück ab und eröffneten nach zweijähriger Um- und Ausbauzeit 1994 mit dem Gasthaus »Am Anger« ihr ganz persönliches Glück. Erweiterten in den folgenden Jahren sogar Stück für Stück ihr Refugium und bauten zuletzt sogar den Pferdestall zum Restaurant um. Dabei fügten sie selbst die neuen Anbauten so harmonisch in das dörfliche Ensemble, als stünden diese schon »ewige Zäiten« dort.

In diesem Zusammenhang von den Unwägbarkeiten des Wirtshauslebens zu berichten, würde sicherlich ihren Weihnachtsfrieden empfindlich stören. Auch die Henkels blieben davon nicht verschont und persönliche Heimsuchungen verlangten obendrein einen langen Atem. Mittlerweile jedoch haben sich die Wogen des Schicksals geglättet und die Wirtsleute empfangen ihre Gäste mit jener liebenswürdigen Reife, die bewährte Gastgeber auszeichnet. Und während wir den Histörchen und Anekdoten der Henkels und Joseph Pflumes aufmerksam folgen, legt der Wirt mächtige Buchenscheite ins prasselnde Kaminfeuer, während seine Frau die Reste eines deftigen Gänseessens abräumt, frisch gebrühten Kaffee serviert und eine CD mit Weihnachtsmusik auflegt. Draußen beginnt es ganz leicht zu schneien.

»Der dritte Winter«, sinniert der Ortsvorsteher. »Noch vier, dann kommt der Frühling.«

»...alles schläft, einsam wacht...«, trällern die Wiener Sängerknaben. Advent in Wüstheuterode. Kein Mensch auf der Gasse stört den himmlischen Frieden.

Hoffentlich für »Ewige Zäiten«!

PS: Ein Haus, das sich vor allem darauf spezialisiert hat, Busreisende zu bewirten. Besondere Dienstleistung: Wirt Gerhard Henkel führt seine Gäste vor der Einkehr als versierter Reiseführer durch das Eichsfeld.

Gasthaus & Pension »Am Anger«

Familie Henkel
37318 Wüstheuterode
Bei der Kirche 9
Telefon 03 60 87–9 05 11
www.Henkel-am-Anger.de

Feurige Gulaschsuppe

Nostalgie an der Leine-Quelle

14

Leinefelde

Immer dann, wenn draußen die Kälte die Landschaft erstarren ließ, rückten früher die Menschen im Eichsfeldischen noch näher zusammen, als dies seit Menschengedenken ohnehin der Fall war. So brachte selbst der bitterste Frost die Gemeinden niemals zum Erliegen, wurden vielmehr die harten Winter genutzt, um Kraft für neues Handeln zu schöpfen. Gewissenhaft dienten darüber hinaus den Eichsfeldern solch ruhige Tage, um an den bullernden Kachelöfen den physischen und psychischen Nachlass des verflossenen Jahres zu ordnen. Ließen die vergangenen Ereignisse Revue passieren, notierten konsequent ihre Einkünfte und zerrissen sich während ihrer Spinnstommn-Abende (Spinnstuben) die Mäuler über ihre Mitmenschen. Spinnstommn – ein Ausdruck, mit dem übrigens entgegen der landläufigen Sitte im Eichsfeld kein konkreter Versammlungsort definiert wird, sondern der die Plauderstündchen von Bürgern eines dörflichen oder kleinstädtischen Gemeinwesens beschreibt, die miteinander ihre Neigungen ausleben. Und während sie ihre Immunsysteme mit Unmengen von steifem Grog und starkem Punsch stärkten, klamüserten sie ihre neu erworbenen Erleuchtungen in die Schubladen ihrer Vertikos, in denen sie nach alter Sitte die Erinnerungsstücke ihrer Lebenshöhepunkte für die Nachwelt bewahrten.

Vor allem die Nächte zwischen Weihnachten und dem Dreikönigstag wurden dazu genutzt, um sich neben dererlei Nachbearbeitung auch von überflüssigem seelischen Ballast zu befreien. Durch eine solche Selbstbeichte erleichtert, konnte man außerdem umso befreiter seiner Neigung nachgeben, einen spirituellen Ausblick in die Zukunft zu wagen.

In diesen sogenannten zwölf heiligen Nächten (vielerorts auch als Rau- oder Glockennächte bekannt), in denen übrigens jegliche körperliche Beschäftigung – außer die Versorgung des Viehs – untersagt war (weshalb sie in den an Hessen angrenzenden Eichsfeldgemeinden völlig unprosaisch »Nichtstutage« genannt werden), wurden außerdem dazu genutzt, um nach der obligatorischen Andacht, die anstehenden Aufgaben des neuen Jahres auszuloten. Besonders die Silvesternächte waren häufig dermaßen von Hokuspokus durchdrungen, dass die Heilige Mutter Kirche warnend den Finger hob, weil sie befürchtete, dass ihre Schäflein sich allzu sehr in den Fallstricken heidnischen Brauchtums verheddern könnten.

Viele dieser Bräuche sind jedoch ausschließlich aus Sorge um den Fortbestand der wirtschaftlichen und familiären Verhältnisse entstanden. Neben solchen

Die Leine-Quelle ist für ihre deftigen Kasslergerichte bekannt

philosophischen Ansätzen, wie die rhetorische Frage nach dem Woher und Wohin der Spezies Mensch, stand vor allem die eigene Existenz im Mittelpunkt allen übersinnlichen Budenzaubers. Als Hilfsmittel übernahmen dabei nicht selten die Reste der weihnachtlichen Dekorationen eine wichtige Aufgabe.
In die als Weihnachtsschmuck beliebten vergoldeten Walnussschalen setzte man beispielsweise einen fast abgebrannten Wachskerzenstumpf vom Christbaum und setzte diese Installation in ein mit Wasser gefülltes Becken. Gespannt wurde verfolgt, wessen Lichtlein zuerst erlosch, prophezeite die makabere Regel doch, dass dieser im kommenden Jahr dem Tode ins Auge schauen müsste. Großen Zuspruchs erfreuten sich vor allem beim weiblichen Geschlecht auch mannigfaltige Liebesorakel. So erfuhr man, ob sich ein Freier in die entlegenen Landstriche verirren wird, erhielt Auskunft darüber, ob die brennende Sehnsucht nach Liebe erfüllt wird oder inwieweit sich eine traurige Jungfernschaft auf die soziale Absi-

cherung der Sitzengebliebenen auswirkt. Längst mussten solche Bräuche moderneren Methoden der Scharlatanerie weichen und die Neugier auf die Zukunft flimmert in unserer Zeit als löffelverbiegende Schmalkost über die Sender. Sicherlich in der Erkenntnis, dass uniform denkende Massen besser lenkbar sind, wird tagtäglich mit seichter Fernsehkost immer häufiger versucht, die störenden Farbtupfer der Tradition in der Versenkung verschwinden zu lassen. Womit solche Meinungsmacher besonders im Eichsfeld häufig auf Granit beißen, denn dort liegen bei vielen Menschen die ererbten Rituale wie mit Stahlseilen vertäut in den Herzen. Was erfreulicherweise auch dazu führte – womit ich bei meinem ureigensten Thema gelandet bin – dass einige Gastronomen einem im Schlepptau solcher Verdummungskampagnen einhergehenden scheinheiligen Fortschritt erfolgreich trotzten, obwohl der versucht hatte, mit Geschenken wie Gelsenkirchener-Barock-Möbeln und vakuumgetrockneten Pulversuppen ihre althergebrachten Wirtshausgepflogenheiten zu unterwandern. Leider gelang das bei einigen Gastronomen im ahnenstolzen Eichsfeld. Doch solche Überläufer werden besonders von den Einheimischen immer mehr gemieden und sehen einer wirtschaftlich unsicheren Zukunft entgegen, was ich auch ohne Kerzenstummel und Bleigießen voraussage.

Straßenbauarbeiten vor 1900

Immer größeren Zuspruch hingegen verzeichnen solche Gaststätten, die allen Verlockungen widerstanden und unbeirrt auf die bewährten Sitten und Gebräuche gesetzt haben. Sie erleben derzeit eine ungeahnte Renaissance. Besonders generationenübergreifende Familiengasthäuser erfreuen sich dabei wachsender Beliebtheit.

Dazu gehört fraglos auch das Gasthaus »Zur Leine-Quelle« in Leinefelde, eine Restauration, die seit 1893 von fünf Generationen der Gastwirtsfamilie Nussbaum bewirtschaftet wird. Vis-a-vis der Geburtsstätte des Johann Carl Fuhlrott, dem die Menschheit die Entdeckung des Neandertalers verdankt, hat sich dieses Gasthaus jenen fürsorglichen 19. Jahrhundert-Charme bewahrt, den selbst erfahrene Walt-Disney-Land-Requisiteure bisher nicht kopieren konnten.

Aus der Ahnengalerie Nussbaum

Das trifft sowohl auf die Ausstattung zu, die den Gast in eine Melange aus Heimatstube, Plüschtiermuseum und sozialistisches Landwarenhaus entführt, wie auf den Wirt Werner Nussbaum, einem graumelierten Mittfünfziger mit verwegenem Zöpfchen, der mich bei unserer ersten Begegnung schlagartig an einen in lyrischen Sphären schwebenden Jünger der schönen Künste erinnerte.

Ein Eindruck, den ich nach dem Auftragen eines knusprig gebratenen, prächtig stockkonservativen Gänsebratens sogleich revidierte. Während meiner Vorrecherchen hatte ich nämlich in Erfahrung gebracht, dass der gelernte Koch persönlich am Herd steht, also auch für den von uns mit großer Begeisterung verzehrten, auch im Eichsfeldischen beliebten Adventsvogel verantwortlich zeichnete. Auch sonst knüpft dieser Lordsiegelbewahrer alten Brauchtums auf seiner Speisekarte nahtlos an bewährtes Familien- und Regionalbrauchtum an und überzeugt mit schnörkelloser Eichsfelder Küche.
»Keine Strategie, vielmehr Herzensbedürfnis«, wie er während eines Pläuschchens an einem seiner blankgescheuerten Sammlerstücke betont, dessen hölzerne Blöße wohltuend von einer bestickten Weihnachtsdecke verhüllt wurde. Und obwohl Omas sanft geschwungene Chaiselongue ihn während des Gesprächs förmlich zum Kuscheln zwang, saß er mit der Akkuratesse eines preußischen Fähnrichs am Tisch und stand höflich Rede und Antwort. Ließ auch die Tortur unablässigen Fotografierens klaglos über sich ergehen und ehrte damit sogar den quälgeistigen Gast Kaiser. Eine Disziplin, die ihn das Leben lehrte, wie man seiner Vita unschwer entnehmen kann. Denn auch, wenn sich der ehrwürdige Gasthof dem Besucher als trautes Fleckchen Eichsfelder Historie präsentiert, war und ist er für den Menschen Werner Nussbaum immer auch Elternhaus und Lebensbühne: an guten Tagen ebenso, wie in traurigen Zeiten.
Nur so wird vielleicht jene das Lokal beherrschende abgeklärte Nostalgie begreifbar, die zwischen knallhartem Alltagsgeschäft und Schnelllebigkeit Platz für Besinnung lässt.

Hotel & Gasthaus »Zur Leine-Quelle«

Werner Nußbaum
J.-C.-Fuhlrott-Straße 50
37327 Leinefelde
Telefon: 0 36 05 – 51 25 48
www.leinequelle.de

Versprechen in der Gastronomie entpuppen sich oft nur noch als werbetechnisch aufgemotzte und in Aussicht gestellte Leistungen, deren Erfüllung in den seltensten Fällen ernsthaft in Erwägung gezogen wird.«
Als ich diese Worte vor einigen Jahren veröffentlichte, hatte ich gerade eine in Erfurt bekannte Pizzeria unter die Lupe genommen, die großspurig mit handgemachter Pasta »à la Mama« und dem besten »Vitello tonnato« (hauchzart geschnittener gekochter Kalbsrücken mit Thunfischsauce) nördlich der Alpen geworben hatte.

15 Essen nach Herzenslust und Leibeskräften

Schimberg/Ershausen

Was ich stattdessen bekam, waren minderwertige Nudeln, die nach intensivem Kochen noch dermaßen hart waren, dass sie mich sofort an Mikadostäbchen erinnerten, und statt des zarten Kalbsrückens furztrockene, von ekelerregender Mayonnaisensauce überschwemmte, in die Jahre gekommene, gekochte Schweinekammscheiben. Seither bin ich bei ähnlich formulierten Offerten noch misstrauischer, als dies meine Restauranttests ohnehin von mir fordern.
Als mir diese Reminiszenzen durch den Kopf schossen, saß ich im »Kressenhof« in Ershausen und stolperte beim Studium der Speisekarte über »Hausmachernudeln«, die als Suppeneinlagen angepriesen wurden. Was ich natürlich postwendend zum Anlass nahm, jedem meiner mittestenden Begleiter eines der in Frage kommenden Süppchen zu bestellen. Zugegebenermaßen anfangs mit etwas gemischten Gefühlen, doch je mehr ich mir das gepflegte – vielleicht an einigen Stellen etwas zu spartanisch wirkende – Umfeld des »Kressenhof« betrachtete, war ich mir gewiss, an diesem Ort keinem Etikettenschwindel zum Opfer zu fallen. Voller Überzeugung also, dass unser heutiger Gastgeber, Wirt Ewald Steinisch, ganz sicher nicht auf dem glatten Parkett leichtsinniger Zusagen ausrutschen wird, taxierte ich während der Wartezeit das Lokal noch intensiver. Dabei bedauerte ich zutiefst, dass neben der verspiegelten Reklame einer Thüringer Schwarzbierbrauerei, die den ruhenden Goethe während seiner Italienreise zeigt, und dem ebenfalls verspiegelten Abbild einer deutschen Großbrauerei keine weiteren Wanddekorationen auszumachen waren. Das bringt immerhin den Vorteil mit sich, nicht ständig staubwedeln zu müssen. Die mit hellem Holz möblierte Gaststube selbst – das Haus verfügt übrigens auch über mehrere Klubräume und einen Saal, in dem maximal 150 Personen bewirtet werden können – ähnelt in ihren Dimensio-

Nichts mit Politik hat der Name des »Roten Hauses« in Ershausen zu tun – so genannt wird es wegen seines roten Balkenwerkes.

Die Wirtsleute Steinisch

nen der Wartehalle eines Kleinstadtbahnhofs. Aufgelockert durch helles Balkenwerk, in das immerhin eine illustre Auswahl von Grünpflanzen integriert ist, kam mir sofort die Idee, dass hier nur ein freistehender Kamin für eine etwas beschaulichere Atmosphäre sorgen würde. Was ich dem Wirt später auch suggerierte und mit Erstaunen zu Kenntnis nehmen musste, dass er seit Jahren gleiche Überlegungen anstellt. Seit er 1995 das Haus übernahm, richtete sich des Wirtes Augenmerk jedoch vorrangig auf den Ausbau einer Küche, deren Funktionalität und Sauberkeit mich bei einer Besichtigung dermaßen in Erstaunen versetzte, dass ich entgegen sonstiger Gepflogenheit spontan Komplimente verteilte.
Sicherlich war die Rekonstruktion kein finanzieller Selbstläufer, denn die gastronomischen Fundamente des »Kressenhof« wurden ursprünglich im Jahre 1976 gelegt, als sich der OGS (Großhandel für Obst, Gemüse Speisekartoffeln) 1976 dazu entschloss, im eichsfeldischen Ershausen ein Ferienheim zu etablieren.
»Das war eigentlich nur möglich, weil die Staatsmacht fünf Jahre zuvor die Gemeinde aus dem Sperrgebiet entlassen hatte«, erläuterte mehrere Tage später der Ershäuser Karl Nacke (bei dem ich mich herzlich bedanken möchte) bereitwillig am Telefon. »Diese hochangebundene Entscheidung hatte damals übrigens auch ganz konkrete Auswirkungen auf mein weiteres Leben.« Er streute gekonnt ein akademisches Päuschen ein, und ich bemerkte selbst aus der Ferne, dass ihm unser Gespräch sichtlich Freude bereitete. Schon nach wenigen Worten war mir klar geworden, dass ich mit diesem Anruf auf einen jener in der Region fest verwurzelten Chronisten gestoßen war, die über ein lokales Geschichtswissen verfügen, das weit über alle Bücherweisheiten hinaus geht.
»Als Angestellter von OGS«, fuhr er fort, »den es ursprünglich Anfang der Fünfziger aus der Nähe von Greußen ins Eichsfeld verschlagen hatte, erhielt ich den Auftrag, die Urlauber während ihres Aufenthaltes mit regionalen und historischen Eigenheiten des Eichsfeldes vertraut zu machen.« Eine Beschäftigung, die im Laufe der Jahre zu seinem Hobby wurde. Sogar der Name »Kressenhof« stammt von ihm. Anfangs hatte er für »Forellenhof« plädiert. Das aber ließ die Partei nicht zu, weil zu jener Zeit im Abendprogramm der ARD eine im Gastgewerbe beheimatete Familiensage gleichen Namens lief, von der man sich allein aus klassenkämpferischen Gründen distanzieren musste. Schließlich einigte er sich mit den Oberen, das Objekt nach dem Flurnamen zu benennen.

Unsere bestellten Nudelsüppchen wurden serviert und schon die erste Kostprobe verriet, dass mein Vertrauen in die Rechtschaffenheit des Kochs Ewald nicht enttäuscht wurde. Was mich natürlich nicht davon abhielt, während der abschließenden Manöverkritik den Wirt provokativ nach der Bezugsquelle seiner »Industrienudeln« zu befragen, hatte ich doch in der Karte gelesen, dass diese im Hause handgemacht werden. Der verschwand daraufhin bösen Blickes in seiner Küche und schleppte wenig später eine überdimensionierte Tupperbüchse heran, die bis zum Rand mit handgeschnittenen goldgelben Suppennudeln gefüllt war.
»Wo Handarbeit dran steht, ist auch Handarbeit drin«, belehrte er uns etwas händelsüchtig und klärte uns obendrein auf, dass er so wenig wie möglich mit Fertigware arbeite und vorrangig Produkte aus der Region verwende.
»Das beginnt mit dem Wild, das mir die örtliche Jägerschaft liefert, setzt sich über die Eichsfelder Wurstspezialitäten aus Geisleden und die unvergleichlich leckeren Schmandkuchen fort, die ich aus der Ershäuser Bäckerei Stein beziehe. Mein Mehl hole ich sogar zu Fuß, denn es wird gleich nebenan in der ›Ersmühle‹ (Anm. des Autors: 1420 erstmals urkundlich erwähnt) gemahlen.«
Seit 1879 wirken dort die »Kellners«, eine Müllerdynastie, die außerdem noch zwei weitere Mühlen im Eichsfeld betreiben und hauptsächlich Korn aus der näheren Umgebung verarbeiten. Wie gesagt: Auch jenes extra weiße Mehl, aus dem der Kressenhofwirt seine Hausmachernudeln herstellt.
»Nur die Bratwürste beziehe ich trotz aller Liebe zur Eichsfelder Heimat aus Aschara«, erklärt er. Der dortige Fleischmarkt garantiert auch bei großen Mengen übers Jahr hinweg eine derartig gleichbleibend gute Qualität, wie sie ihm kein anderer Lieferant bietet«, klärt uns Wirt Ewald auf.
Über diesen kleinen warenkundlichen Umweg erfuhren wir dann, dass Ewald mit seiner Frau Brigitte seit Jahren zusätzlich zum Gasthausgeschäft auch »Menschen zwischen einem und hundert Jahren«, wie beide scherzhaft einwarfen, mit Gemeinschaftsessen versorgen. »Übrigens nur mit solchen Gerichten, die ich auch selbst esse. Ohne Glutamat und chemische Aufputschmittel!«
Wochentags beliefert Ewald Steinisch so Altenheime, Kindereinrichtungen, Betriebe, aber auch Rentner und andere hungrige Dauerabonnenten mit Privat-Abonnement. Eine Dienstleistung, die am Angebot seiner Gaststätte nicht spurlos vorübergeht.
So kann der Gast von Montag bis Freitag auf einer etwas abgespeckten Wochentagskarte auch zwischen mehreren stets frisch gekochten Tagesgerichten

Garantiert selbstgefertigte Bandnudeln ...

wählen. Und das zu einem nicht zu unterbietenden und vor allem »nachschlagsberechtigten« Preis von durchschnittlich 4,00 Euro. Hier garantiert eindeutig die Wirtschaftlichkeit den Gewinn. An diesem Tag entschieden wir uns für deftige Königsberger Klopse, die in einer dermaßen sämigen gekaperten Sahnesauce schwammen, wie man sie wohl nur im Schmand-Land Eichsfeld findet.
Die Samstage hingegen sind ausschließlich für Familienfeiern und für Außer-Haus-Geschäfte reserviert. Da bleibt das Objekt offiziell für das »à la Carte«-Geschäft geschlossen. Was aber nicht heißt, dass man im Biergarten vor dem Haus nicht doch bedient wird. Gastlichkeit ist eben bei den Steinisch's keine Floskel.
Sonntags jedoch zieht der mit Leib und Seele kochende Gastwirt unter seinem Credo »Essen nach Herzenslust und Leibeskräften« alle Register eines von Eichsfelder Spezialitäten geprägten braten- und saucenorientierten Familienmittagstisches. Neben selbst gemästeten Forellen und Wild in allen Variationen überzeugt er aber auch mit einer Vielfalt hervorragend gebratener Steaks und knackfrischer Salatteller, die vergessen lassen, dass sich der »Kressenhof« eigentlich recht abseits eingefahrener Touristenrouten befindet.
Was Sie aber nicht davon abhalten sollte, rechtzeitig zu reservieren.

Restaurant »Kressenhof«

Familie Steinisch
37308 Schimberg/Ershausen
Telefon: 03 60 82 – 4 07 62
www.kressehof.de

Wer in unseren Tagen von der Wahnvorstellung befallen wird, eine Existenz im Bewirtungsgewerbe aufzubauen und seiner »Hausbank« auch nur vage signalisiert, dass er in Erwägung zieht, möglicherweise einen Kredit zu beantragen, sieht sich – wenn er nicht vorher vom Pförtner der Bank abgewimmelt wird – mit einem Wust von Fragebögen konfrontiert, deren Beantwortung eigentlich profunde betriebswirtschaftliche Kenntnisse voraussetzt.

Rolln's Keller

16

Neustadt

Darüber hinaus verlangt eine solche Selbstauskunft gleichwohl eine gehörige Portion Selbstverleugnung, denn neben fachlichen Vorkenntnissen werden auch recht interne Details abgefragt, die weit unter die moralische Gürtellinie zielen.
Wichtig dagegen die unverzichtbare Gewinnvorschau, in der unter anderem die territoriale Lage des zu finanzierbaren Restaurants, Gasthofs oder Hotels eine wesentliche Rolle spielt; gehen die Herren Geldverleiher doch davon aus, dass in wirtschaftlich schwachen und nur spärlich besiedelten Regionen jede gastronomische Neugründung von Geburt an mit einem Verfallsvirus infiziert ist, das ihre Investitionen in kürzester Zeit vernichtet. Unter diesem Gesichtspunkt sind Finanzierungen im Gastgewerbe heutzutage ebenso rar, wie – um beim Thema zu bleiben – Handschlaggeschäfte zwischen Bankern. Wären also schon in früheren Zeiten heutige Maßstäbe angelegt worden, hätten solche Restaurants wie der von uns getestete »Rolln's Keller« im beschaulichen Neustadt niemals die Chance erhalten, auf dem Markt Fuß zu fassen. Was jammerschade gewesen wäre, denn besonders der positive Eindruck, den dieses gastliche Haus auf uns gemacht hatte, bestätigt meine These, dass es nicht davon abhängt, *wo* eine Gaststätte eröffnet wird, sondern vielmehr, mit welchem gastronomischen Credo die Gäste dort bewirtet werden. Heutzutage wären demzufolge solche kreditfinanzierten Investitionen, wie sie Ralf und Daniela Svatos vor 10 Jahren in Neustadt getätigt haben, banktechnisch äußerst schwierig darstellbar, denn die rund 780-Seelen-Gemeinde an der Schwelle zwischen Eichsfeld und Südharz erweckt auch bei aller wohlwollenden Betrachtung sicherlich nicht den Eindruck einer menschenüberfluteten Metropole ungebremsten wirtschaftlichen Wachstums. Und Kredit hatten die beiden Existenzgründer damals bitter nötig, denn die Zustände auf dem verwahrlosten Fachwerk-Anwesen, in dem die jungen Leute ihren Traum von Selbstständigkeit verwirklichen wollten, ähnelten denen einer geordneten Mülldeponie. Zuletzt als Bauernhof genutzt, lieferten hier früher die

Diana und Ralf Svatos

Leineweber des Dorfes ihr fertiges Tuch ab, das auf diesem Großhandelsplatz zu großen Ballen gerollt, anschließend als begehrte Handelsware den Weg in aller Herren Länder antrat. Eine geschichtliche Reminiszenz, nach der die Familie Svatos ihr neues Unternehmen benannte.

Auch der Wunsch, neben einer kleinen Pension und einer Kegelbahn auch ein Kellerrestaurant einzurichten, spukte ihnen seit Beginn ihrer Planungen im Kopf herum. Eine Idee, deren Verwirklichung ihnen schlaflose Nächte und eine gehörige Portion Durchhaltevermögen abverlangte, denn das dafür vorgesehene über zweihundert Jahre alte Sandsteinkellergewölbe war dermaßen hoch mit Dreck gefüllt, dass die vorhandene lichte Höhe allenfalls für ein Zwergenlokal ausgereicht hätte. Was die beiden Jungunternehmer zu körperlicher Eigeninitiative zwang, denn eine professionelle Beseitigung der verkeimten Hinterlassenschaft hätte zu solch immensen zusätzlichen pekuniären Belastungen geführt, das sich ihr

Finanzierungsplan über Nacht in ein Horoskop verwandelt hätte.
Alle diese Mühen gehören längst der Vergangenheit an, werden allenfalls als Anekdoten zum Besten gegeben, wenn Koch Ralf sich die Zeit nimmt, mit seinen Gästen ein Schöppchen Wein zu trinken. Nur Ehefrau Diana hat noch immer ein wenig unter dem trotz Muskelhypothek und äußerster Sparsamkeit überschrittenen Baubudget zu leiden, denn an einigen Tagen in der Woche verlässt die Servicechefin ihren Arbeitsplatz und fährt in den Nachbarort, wo sie in einem Baumarkt arbeitet.
»Eine Beschäftigung, die mir Spaß macht, denn durch meine zusätzliche Erwerbstätigkeit sind wir nie in ernsthafte finanzielle Bredouille gekommen«, erklärt sie mir freimütig. »Außerdem«, fährt sie charmant fort »ist der Mittagstisch wochentags mittlerweile in so kleinen Gemeinden ein solches Verlustgeschäft, dass wir nur Sonntagmittag (11–13:30 Uhr) geöffnet haben. Unser Hauptgeschäft läuft von Anfang an abends (ab 17:00 Uhr geöffnet) über die Bühne.« »Wer mittags dennoch essen möchte, ist natürlich herzlich willkommen. Er muss sich halt vorher anmelden«, schaltete sich jetzt der Maitre ein, der übrigens als gelernter Einzelhandelskaufmann eine Fortbildung beim »Deutschen Seminar für Fremdenverkehr« in Berlin absolvierte. »Neben Kalkulation, Waren- und Wirtschaftkunde sowie den Mechanismen des Tourismus machten uns dort die Trainer auch mit den Regeln der modernen Kochkunst vertraut.« Jetzt grinste er verschmitzt: »Sie ahnen schon – gefahrloser Umgang mit Mikrowelle und Beutelsuppen. Doch meinen angeborenen Eichsfelder Geschmack konnten selbst die exotischsten Lehrmethoden nie ernsthaft in Gefahr bringen.« Er rührte behutsam einen Zuckerstein in einen duftenden Espresso und fuhr fort: »Außerdem hatte ich, nachdem der Entschluss der Selbstständigkeit gefasst war, nebenbei im Duderstädter »Ratskeller« gejobt. Eigentlich aus Selbstschutz, denn die meisten ga-

stronomischen Seiteneinsteiger-Karrieren scheitern an ganz profanen handwerklichen Fähigkeiten.« Womit er mir aus der Seele sprach.
Eine selbstauferlegte Lehrzeit, die sich gelohnt hat, denn mittlerweile genießt Ralf's Restaurant einen derartig vorzüglichen Ruf, dass man vorbestellen sollte. Vorschusslorbeeren, die wir vorbehaltlos bestätigen können. Bis auf die Tatsache, dass die Lautstärke der Musik anfangs sicherlich auf das später vollbesetzte Lokal einjustiert war, empfing uns »Rolln's Keller« mit wohltuend hellen Holzmöbeln und dekorativem südländischen Tischschmuck; ergänzt mit jenen bodenständigen Beigaben, die nicht vergessen lassen, dass »Rolln's Keller« auf dem Eichsfeld zu finden ist. Die gleiche Melange aus mediterraner Unbeschwertheit und regionaler Verankerung findet sich auf der Speisekarte wieder. Die ungemein nahrhafte Eichsfelder Schlachtesuppe lebt in friedlicher Koexistenz mit französischem Zwiebelsüppchen, Hirschkalb-, Pfifferlings- und mit Tomaten-

cremesuppe (alle zwischen 2,60 und 2,80 Euro). Das scheinbar unverzichtbare Ragout fin (2,50 Euro) neidet den gebratenen Garnelen (6,10 Euro) ebenso wenig den Erfolg wie gebackener Schafskäse auf Knoblauchtoast (5,50 Euro) und frische Tomaten auf Mozzarella (4,95 Euro).

Weitere Vergleiche, beispielsweise zwischen den knackfrischen Salattellern mit hauseigenem Dressing, unvergleichlich aromatischen Wildgerichten, vergessenen Klassikern, wie Leber in Zwiebel-Rotweinsauce oder ein einzigartiges (gut gewürztes) Sortiment von zarten Schweine- und Rindersteaks, das jedem weltstädtischen Edelgrill zur Ehre gereichen würde, verbietet einzig der fehlende Platz. Das Fleisch für alle diese Spezialitäten bezieht Küchenchef Ralf ausschließlich aus der Region – Rind und

Immer für einen Fischhandel bereit: Uwe Engel mit seinem Eichsfelder »Lehrling« Ralf Svatos

Schwein nur aus der Landfleischerei Rabe in Deuna. Dessen Qualität uns übrigens dermaßen begeisterte, dass uns unser nächster Ausflug dort hinführte.

Absolutes Novum aber ist ein Seefischangebot, das in Frische und Vielfalt sogar an der Küste ein Geheimtipp wäre. Dass ausgerechnet der Tod seiner Tante Eva vor einigen Jahren dafür verantwortlich ist, zeigt, dass in manchem Schicksalsschlag auch ein wenig Hoffnung mitschwingen kann. Eva hatte sich nämlich eine Seebestattung gewünscht; ein Begehren, dem man selbstverständlich nachkam. So fuhr die Familie nach Cuxhaven und nachdem die traurige Pflicht erfüllt war, besuchte Ralf die dortige Frischfisch-Auktionshalle und lernte den Fischgroßhändler Uwe Engel kennen, der ihn in die Geheimnisse der Seefische einweihte. Dieses norddeutsche Urgestein mit kaufmännischer Begabung besucht er seitdem mehrmals im Jahr, um bei ihm fangfrischen Fisch jeglicher Couleur zu kaufen. Ein Vorteil, den er in Qualität und Preis an seine Gäste weitergibt.

Als wir außerordentlich gesättigt – auch hier werden Eichsfelder Riesenportionen serviert – die wenigen Stufen »hinaufrollten«, ahnten wir, dass der Name »Rolln's Keller« offensichtlich doppeldeutig gewählt wurde.

Rolln's Keller

Familie Svatos
Hauptstraße 45
37345 Neustadt/Eichsfeld
Telefon: 03 60 77 – 2 20 14
www.gaststaette-rollns-keller.de

Matjes-Saison in Rolln's Keller

Das Bekenntnis des beleibten Schweinezüchters Kálmán Zsupán aus »Der Zigeunerbaron« – »..., denn schon von Kindesbeinen befaßt' ich mich mit Schweinen ...« – ist mir eigentlich wie auf den Leib geschneidert, denn als Mitglied eines schweinemästenden Familienclans gehörte die Fütterung und Pflege dieser schnüffelnden Paarhufer von klein auf ebenso zu meinen täglichen Pflichten, wie das allabendliche Putzen sämtlicher Schuhe der Familienmitglieder.

(Nicht nur) Schwein gehabt

17

Deuna

Während meiner Jahre als Gastwirt im Thüringer Wald zahlte sich das natürlich aus, denn in jenen Tagen gehörte die Kleintierhaltung besonders im ländlichen Thüringen zur alltäglichen Praxis. Für heutige Gastronomen auf das Strengste verboten, war die sogenannte »individuelle« Haustierhaltung zu DDR-Zeiten aber nicht nur ein äußerst lukratives Zubrot, sondern auch die verlässlichste Möglichkeit, Küchenabfälle hygienisch zu entsorgen.
Außerdem wurde so ein selbst gefüttertes Schwein auch höchsten geschmacklichen Anforderungen gerecht. Sein Fleisch hatte »Stand« und roch nicht wie das seiner industriell gemästeten Kollegen, die zu DDR-Zeiten ähnlich wie Sportler mit allen Tricks der chemischen Kriegsführung aufgepeppt wurden, wie die Kampfersalbe meiner Großmutter. Darüber hinaus bewirkte eine hausgeschlachtete Wurst bei der Beschaffung von Waren aller Art wahre Wunder. Alles Konstellationen, die übrigens dazu führten, dass die von mir und meiner Familie gemästeten Schweine letztlich so respektvoll behandelt wurden wie Familienmitglieder. Mittlerweile fällt bedauerlicherweise, bedingt durch die ausgezeichnete Qualität einheimischen Schweinefleischs, die individuelle Mästung von Schweinen einer daraus resultierenden Bequemlichkeit zum Opfer. Besonders in Thüringen produziertes Schweinefleisch erfreut sich deutschlandweit bei den Verbrauchern großer Beliebtheit.
Heute indes drücken die Schweinezüchter ganz andere Probleme. Trotz höchster Qualität gestaltet es sich immer schwieriger für sie, einen kostendeckenden Marktpreis zu erzielen. Es schmälert nicht nur ihren bäuerlichen Lohn aufs Empfindlichste, sondern lässt ihnen auch kaum Spielraum für zukunftssichernde Investitionen.
Leider sehen das viele Verbraucher völlig konträr und kaufen ihr Fleisch nach dem Preis. Schließlich führt das dazu, dass große Lebensmittelketten ihr Fleischsortiment aus aller Herren Länder heranbkarren.

Wenn dann solch billig produziertes Fleisch wegen schlechter Beschaffenheit zurückgerufen werden muss, ist nicht nur das Geschrei nach staatlicher Aufsicht groß, sondern darüber hinaus werden auch die einheimischen Züchter mit solch dubiosen Erzeugern über einen Kamm geschoren.
Derartige Betrachtungen sind sicherlich ausschlaggebend dafür, dass – entgegen dem allgemeinen Trend – viele Eichsfelder noch immer auf ein selbst gefüttertes Schwein schwören. Eine Tradition, die auch das Deunaer bäuerliche Urgestein Gerhard Schlichting noch immer in Ehren hält.
Doch, wer kennt eigentlich außerhalb des Eichsfelds Deuna?
Allenfalls noch Häuslebauer, die früher in diesem Ort mit »Rosenthaler Kadarka«, Büchsenananas in Scheiben oder chinesischen Dosenchampignons im dortigen VEB Zementwerk um einige wenige Säcke dieses raren Baustoffes aus der »Überproduktion«

Die Wasserburg Deuna – auch Dünde oder Hinterschloss genannt – wurde im 13. Jahrhundert zum Schutz einer vorüber führenden Salzstraße erbaut. Heute beherbergt sie ein Seniorenheim.

bettelten. Die Zementfabrik produziert übrigens heute noch, doch niemand würde auf die Idee kommen, seinen Zement dort selbst abzuholen, geschweige denn dafür zusätzlich mit Wein und Lebensmitteln zu zahlen. Im Übrigen ist Deuna ein so der Hektik entrücktes Dörfchen, dass es seine Einwohner förmlich zum Mittagsschlaf zwingt. Das hat natürlich auch den Vorteil, dass man nicht im Schweinsgalopp jedem modischen Trend hinterher spurtet.

Auch das Leben des mittlerweile pensionierten ehemaligen LPG-Vorsitzenden Gerhard Schlichting steht offenkundig unter diesem konservativen Motto. Mit besonderem Vergnügen denke ich oft an eine von ihm nach allen Regeln der Eichsfelder Fleischerkunst zelebrierten Hausschlachtung, zu der er mich eingeladen hatte. Auf dem Weg zu der in diesem Buch bereits erwähnten Landfleischerei Rabe machten wir zunächst einen Abstecher in das einladende Fachwerkgehöft der Schlichtings, die uns dort erneut nach alter Väter Sitte mit Feldgieker und Doppelkorn in Hausschlachtestimmung versetzten.

Durch diesen kalorienreichen Willkommensgruß zusehends ermüdet und kaum noch des Gehens mächtig, bedurfte es einiger Überwindung, unser Tagesziel anzusteuern. Eine Lethargie, die sich schlagartig mit

dem Betreten des Rab'schen Unternehmens verflüchtigte, was sicherlich erläuternder Worte bedarf. Die ebenfalls seit Generationen in Deuna beheimatete Familie Rabe stellt in ihrer Landfleischerei nicht nur die bekannten regionalen Fleisch- und Wurstspezialitäten her, sondern züchtet und mästet auch die dafür zu verarbeitenden Tiere, ob Rind, Schwein oder Schaf. Vermeintlich jedes Tier, das als Grundlage für den Geschmack dieses Landstrichs steht,

Sonntägliche Ausfahrt zum Stausee am Ahlenbach. Neben ihren Schweinen züchten Rabes auch schweres Warmblut und sind leidenschaftliche Gespannfahrer. Gern gesehener Fahrgast ist Enkeltochter Miriam.

Seltene Ruhepause: Picknick »Am Langen Gang« am Stausee

Gerhard Schlichting beim »Würstestreicheln«

zieht der ständig umherwuselnde Werner Rabe mit Sorgfalt und Respekt groß. So ganz nebenbei betreibt er aber auch noch eine Pferdezucht und spannt regelmäßig seine edlen Kaltblüter vor eine seiner Kutschen, um bei einer spontanen Ausfahrt die Hühner des Dorfes zu erschrecken.

Allein der Blick in einen seiner pikobello gepflegten Kaltställe, in dem einige hundert Landschweine aus eigener Züchtung wie auf einem Kinderspielplatz herumtollten, ließ mich erahnen, dass meine in der Vergangenheit erworbenen Kenntnisse über die Haltung von Schweinen eigentlich recht antiquiert sind. Doch damit nicht genug, produziert der überzeugte Landwirt, der sein Handwerk einst in der Rüdigershagener LPG erlernte –, dessen renommierte Schweinemastanlage bis heute weit über die Landesgrenzen hinaus als Synonym bester Thüringer Agrarqualität steht –, sogar auf mehreren hundert Hektar Anbaufläche seine eigenen Futtermittel, aktiviert dadurch tagtäglich sein Bekenntnis zu unverfälschter Natürlichkeit, ohne dabei auf die modernen Erkenntnisse der Forschung zu verzichten – ein Kreislauf, den man getrost als biologisch bewerten

In den Fußstapfen seiner Eltern: Juniorchef Martin

muss. »Wenn auch ohne Zertifikat und Reinheitsstempel. Solche Akte der Bürokratie treiben die Preise nur unnötig in die Höhe und vergraulen die Kundschaft«, stellt er verschmitzt fest, »dafür aber garantiert ohne Netz und doppelten Boden.«
Eine Aussage, der ich voll zustimmen konnte, nachdem ich mich trotz erreichten Sättigungsgrades schon wieder der Verkostung feinster Eichsfelder Wurstspezialitäten gewidmet hatte. Und die stellt das Familienunternehmen seit Jahren täglich frisch her, und zwar in bewährter Warmschlachtung. Das ist deshalb möglich, weil die Familie vor geraumer Zeit in ein eigenes Schlachthaus investiert hatte.
»Eigentlich war die Landfleischerei nur ein Zubrot. Wir verkauften unsere Wurst nur samstagvormittags in einem kleinen Hoflädchen. Doch der Ansturm der Kundschaft zwang uns, nicht nur jeden Tag zu öffnen, sondern auch unsere bescheidene Verkaufsstelle zu erweitern und zu modernisieren.«
Werner Rabe, dem man ansieht, dass er seine Wurst täglich einer Qualitätskontrolle unterzieht, deutet stolz auf die blitzblank gewienerten Kühltheken, aus denen die pure Lebensfreude lacht. Mittlerweile war auch Sohn Martin von seiner täglichen Tour mit dem Verkaufswagen eingetroffen und begann, die Auslagen mit frischer Ware zu komplettieren. Jeden Morgen werden nun mindestens vier selbst gemästete Schweine verwurstet. Dieser kurze Weg vom Erzeuger zum Verbraucher garantiert eine Qualität, die von sich Reden machte und die die Kundschaft selbst bei widrigstem Wetter anlockt.
Dass sich dieser Weg lohnt, garantiere ich Ihnen aus eigener Erfahrung.

Landwirtschaftsbetrieb
Rabe-Schlichting GbR &
Landfleischerei Rabe

37355 Deuna
Zur Trift 12
Telefon: 03 60 76 – 4 05 83

Züchterischer Erfolg: das Rab'sche Landschwein

Wenn es während meiner Kindheit im beschaulichen Mühlhausen in unserem Haushalt an Erzeugnissen des täglichen Bedarfs mangelte, die weder in der HO noch im Konsum erhältlich waren, plante die Familie kurzerhand eine Einkaufstour in den Westen. Da jedoch Interzonen-Pässe in der jungen DDR Anfang der Fünfziger ebenso rar waren wie Kokosraspeln, Bohnenkaffee und Nylonstrümpfe, bedeutete das einen Ausflug über die »Grüne Grenze«.

Mitten im Abseits

Duderstadt

18

Ziel solcher illegalen Exkursionen war für die Mühlhäuser neben dem hessischen Wanfried besonders das im Untereichsfeld gelegene niedersächsische Duderstadt. Für die dortigen Händler garantierte diese Art des innerdeutschen Handels viele Jahre lang ein einen verlässlichen Umsatz.

Da natürlich bei jeder dieser Reisen auch immer ein meist leckeres Mitbringsel für mich abfiel und obendrein die Berichte der Reisenden von schierem Überfluss kündeten, war für mich von Kindesbeinen an klar, dass mich mein Weg irgendwann einmal nach Duderstadt führen würde. Bedauerlicherweise ließ sich die Geschichte Zeit, mir diesen Wunsch zu erfüllen, und ich muss zu meiner Schande gestehen, dass ich nach vorhandener Möglichkeit erst einmal Reiseziele ansteuerte, die mir attraktiver schienen.
Erst jetzt, während meiner Recherchen zum Eichsfeld-Report, wurde mir schmerzlich bewusst, wie sehr ich mein kindliches Duderstädter »El Dorado« vernachlässigt hatte. Und obwohl ich niemals dort war, glich mein Antrittsbesuch in der vor über tausend Jahren erstmals urkundlich erwähnten (16. September 929) Kleinstadt mehr der Rückkehr eines verlorenen Sohnes, als der Erfüllung einer jugendlichen Schwärmerei.
Daran hatte sicherlich auch das Ehepaar Maring einen gehörigen Anteil, das mich, nachdem wir uns zwei Wochen zuvor in »Rolln's Keller« in Neustadt zum ersten Mal begegnet waren, mit einer Herzenswärme in ihrer Heimatstadt empfingen, wie man sie eigentlich nur bei Missionaren vermutet.
Dass dieser Vergleich nicht an den Haaren herbeigezogen ist, bewiesen Annegret und Rainer Maring, die in der Duderstädter Marktstraße seit 1992 die

Duderstädter Altstadtzentrum um 1900

Buchhändler aus Leidenschaft: Annegret und Rainer Maring

Das historische Gasthaus »Zum Anker«

Geschicke der traditionsreichen Buchhandlung »Seseke« lenken und mit ihrer missionarischen Art uns mit ihrem Heimatwissen füttern. Das geschah derartig ausführlich, dass wir gleichsam als frisch bekehrte Untereichsfelder auf der Heimreise inbrünstig die Melodie des Duderstädter Heimatliedes »Mein Duderstadt am Brehmestrand« des Gymnasiallehrers Nikolaus Brehme vor uns hinsummten. Diese Weise lief am Mittag des Tages in mehrmaliger Wiederholung im Duderstädter »Ratskeller« vom Band, wo wir mit den Marings verabredet waren, und hatte sich wie ein Ohrwurm bei uns eingenistet.

Eigentlich hatte ich mir ja fest vorgenommen, nie wieder einen Fuß in ein italienisches Restaurant im Eichsfeld zu setzen. Ausschlaggebend waren meine schlechten Erfahrungen beim Heiligenstädter Wirt Pepe, der in seinem Ristorante versucht, sich mit wilden Glutamatattacken in die Geschmacksnerven der Eichsfelder einzuschmeicheln.

Eine Spielart des gastronomischen Überlebenskampfes, die dem Pächter des Duderstädter »Ratskeller«, Gerardo Pizzano – der Name scheint Programm –, nicht ganz unbekannt ist. Als dieser Taurasier (auch Pepe kommt übrigens aus dieser

Blick über Duderstadt

Region nahe Neapel) sich nämlich vor nunmehr fast 27 Jahren entschloss, als Gastronom im »Ratskeller« sein Geld zu verdienen, machte die Brauerei den ersten Fünf-Jahres-Pachtvertrag von der Bedingung abhängig, dass er dort nur Deutsche Küche anbietet. Für den von südländischer Kost verwöhnten Italiener, dessen Wiege in jenem fruchtbaren Landstrich stand, von dem aus die Pizza »Margherita« ihren Siegeszug begann und in dem die geschmacksintensivsten Tomaten der Welt reifen, etwa ähnlich pervers, wie für einen Vegetarier, den man zwingt, sich fünf Jahre lang von sauren Nierchen und Schweinskopfsülze zu ernähren.

»Doch ich wollte unbedingt hier arbeiten, denn Mitte der Achtziger erlebte die Duderstädter Gastronomie einen wahren Boom«, begründete er seine damalige Euphorie. Angelockt durch die schaurige Realität der innerdeutschen Sperranlagen zog es in jenen Tagen neugierige »Mauerpilger« aus aller Herren Länder ins Zonenrandgebiet. Die verspürten nach den schwermütigen Eindrücken wenig Appetit auf Pasta und Pizza, bevorzugten zur Linderung deutschen Teilungsschmerzes Eichsfelder Hausmannskost. Eine Bewährungsprobe, die er mit Bravour bewältigt hat. Wofür nicht nur sein fast drei Jahrzehnte währendes Engagement im »Ratskeller« spricht, sondern auch die Tatsache, dass er in Duderstadt Wurzeln geschlagen hat. Er sitzt im Stadtrat und Aufsichtsrat der Sparkasse und nimmt so maßgeblichen Einfluss auf die regionalen Geschicke. »Trotzdem ist es mir nicht gelungen, wichtige Entscheidungen, wie beispielsweise die Lockerung des Fahrverbotes in unserer verkehrsberuhigten Fußgängerzone im Sinne der Händler und der Gastwirte zu beeinflussen. »Da stieß ich spürbar an die Grenzen der Demokratie«, schildert er seine vergeblichen Bemühungen um touristische Erleichterungen. Und während wir mit ihm und seinem Bruder Antonio, mit dem er seit einigen Jahren »in familia« das Restaurant führt, einen Espresso schlürften, klagte er uns sein Leid. Kritisiert, dass das pulsierende Leben um Duderstadt herumgelenkt wird, verkennt aber auch nicht die Gefährdung des kleinstädtischen Fluidums durch allzu hektische innerstädtische Mobilität. Schwärmt von den blühenden Linden vor seinem Gasthaus, unter denen er seine Gäste stimmungsvoll bewirten kann und beklagt, dass Duderstadt im touristischen Abseits verkümmere.

Gerardo, Mama und Antonio Pizzano

Nicht das erste Mal übrigens, dass die imposante Fachwerkstadt zwischen Ohmgebirge und Harz den Anschluss verpasst hat. Während im Hochmittelalter Duderstadt noch ein Knotenpunkt zwischen der aus dem Belgischen bis nach Russland führenden Handelsstraße und der aus dem Norden nach Süden verlaufenden »Nürnberger Straße« war, folgte durch deren Verlagerung – auch einhergehend mit dem Niedergang der Hanse – eine Welle der Stagnation. Die hielt genau besehen bis zum Ende des 19. Jahrhunderts an. Selbst als mit dem Bau der Eisenbahnen neue Verkehrsadern erschlossen wurden, blieb Duderstadt links liegen.

Doch solche historischen Tiefschläge haben Gerardo Pizzanos Entscheidung für Duderstadt sicherlich nicht beeinflusst und auch, wenn er hin und wieder mosert, dass es ihm in Göttingen wirtschaftlich vielleicht besser ginge, wird man ihn wohl auch in den nächsten Jahren in »seinem« Ratskeller antreffen. Und das zu jeder Tages- und Nachtzeit, denn anders als bei vielen seiner Landsleute, sind er und sein Bruder nach Aussagen der Marings ständig präsent. Wohltuend in einer Zeit ahnungsloser und entscheidungsgehemmter Stellvertreter. Außerdem wissen beide Pizzanos genau, dass jeder Neuanfang andernorts ein unkalkulierbares wirtschaftliches Risiko in sich birgt. Sie wären Italiener unter Italienern! In Duderstadt sind sie »die« Italiener schlechthin: Der »Ratskeller« ist darüber hinaus ein bewährter und in der Region anerkannter Anlaufpunkt. Die vorzügliche Qualität seiner Angebote ist außerdem derartig fest in den Köpfen der Kundschaft verankert, dass suchtartige Entzugserscheinungen förmlich zu wiederholter Einkehr zwingen. Überdies haben es die Pizzanos verstanden, ihr südländisches Sortiment mit deutscher Bodenständigkeit unter einen Hut zu bringen. So kann der Gast nicht nur die bewährten italienischen Eckpfeiler Pizza, Pasta, Insalata und eine Vielzahl kalter und warmer »Antipasti« ordern, sondern auch deutsche Klassiker wie gegrillte Schweinemedaillons, Lammfilets, Jägerschnitzel oder Kalbsleber. »Nur Eichsfelder Schlachteplatte oder Eisbein biete ich schon lange nicht mehr an. Das können die einheimischen Kollegen viel besser zubereiten, als ich«, sinniert er in Erinnerung an die durch den ersten Pachtvertrag geforderte anfängliche Verleugnung seiner Herkunft. Ich spüre förmlich, wie sich dem eleganten, graumelierten Endfünfziger beim Gedanken an die Schwarte einer deftigen Grillhaxe die Nackenhaare sträuben.

Das alte Amtsgericht von Duderstadt

Historischer Treppenaufgang am Amtsgericht

Fachwerkhäuser in der Oberen Hinterstraße

Ursulinenkloster

»Ratskeller«

Gerardo und Antonio Pizzano
Am Gropenmarkt 1
37115 Duderstadt
Telefon: 0 55 27–25 77
www.ratskellerduderstadt.de

Buchhandlung Gebrüder Seseke

Annegret Maring
Markstraße 63
37115 Duderstadt
Telefon 0 55 27–25 28
www.seseke.de

Wenn sich die B 247 aus Mühlhausen kommend nur eintausend Meter hinter den Abzweigen nach Lengefeld und Horsmar in eine gewaltige Rechtskurve legt, richtet sich der Blick eines jeden Fahrensmannes an deren Ende unweigerlich auf den trutzigen Wehrturm der »Lengefelder Warte«.

Appetitlicher Mehrfronten-Gasthof

19

Anrode

Einer von zahlreichen Wachtürmen des schon mehrfach in dieser Serie erwähnten Mühlhäuser Landgrabens, der die Bürger der ehemaligen Freien Reichsstadt an ihrer Nordgrenze hauptsächlich vor Raubritterüberfällen aus Hessen und Niedersachsen schützen sollte. Denn diese Grenzbefestigung schloss nicht nur die Lücke zwischen der Sondershausen-Schwarzburgischen Landwehr und der Landwehr der Thüringer Grafen im Süden, sondern bildete damals auch die Grenzen zwischen Thüringen und dem Eichsfeld.

Um zu ergründen, was in der Epoche des Mittelalters eigentlich getrennt wurde, sollte man sich ins Bewusstsein rufen, dass Grenzen stets bewachte Barrieren sind bzw. waren, die unterschiedliche politische, wirtschaftliche, territoriale, aber auch ethisch und moralische Bereiche voneinander trennen. Da bildet die vom Landgraben geschützte Grenze zum Eichsfeld keine Ausnahme. Ja die nähere historische Betrachtung dieser Trennlinie offenbart auf eindrucksvolle Weise ihre vielfältigen Funktionen.

Etwa um 1380 vollständig ausgebaut, trennte diese ursprünglich 26 Kilometer lange Grenzbefestigung die eichsfeldische Enklave des Kurfürstentums Mainz vom Rest Thüringens. Inwieweit der Mühlhäuser Landgraben darüber hinaus in wirtschaftliche Kreisläufe, beispielsweise als Zollstelle oder Handelsknotenpunkt, eingebunden war, konnte mir selbst der geschichtlich sattelfeste Thüringer Historiker Dr. Rolf Luhn aus Eigenrieden nicht beantworten, bei dem ich mich herzlich für seine historischen Erläuterungen bedanken möchte.

Lengefelder Warte

Übrigens wurde die Anlage erst mit der Einverleibung großer Territorien Thüringens und des Eichsfeldes in das Königreich Preußen aufgegeben – ausgelöst durch den Frieden von Lunéville (1801) – und dem damit verbundenen Wegfall dieser innerdeutschen Grenze zu Beginn des 19. Jahrhunderts. Eisern getrennt bleiben hingegen auch nach gut zweihundert Jahren auf beiden Seiten der Grenzlinie unverwechselbare Eigenarten, welche die jeweilige Region prägen und charakterisieren. So scheidet diese mittlerweile optisch kaum mehr wahrnehmbare Grenze noch immer die katholische von der evangelischen Konfession, sozusagen die Kommunion vom Abendmahl, den Nordthüringer Dialekt vom Eichsfelder Platt, die Kalt- von der Warmschlachtung und den auch heute manchmal noch spürbaren reichsstädtischen Souveränitätsanspruch der Mühlhäuser vom Beharren der Eichsfelder auf Eigenständigkeit. Geschmacklich betrachtet, verläuft hier der Kümmeläquator, denn während die Mühlhäuser ihre Brat- und Rostwürste mit diesem Gewürz veredeln, sträubt sich dem überzeugten Eichsfelder allein beim Gedanken an Kümmel in der geliebten Wurst das Gefieder. Der Vollständigkeit halber muss letztlich erwähnt werden, dass ein Teil dieser Grenze seit der Verwaltungsreform Anfang der Neunziger des 20. Jahrhunderts als Trennlinie zwischen dem Unstrut-Hainich-Kreis und dem Eichsfeldkreis fungiert.

Traditionelles Eichsfelder Fuhrmannsessen: Hackepeter mit Ei

Kloster Anrode

Allein die Betrachtungen über den Mühlhäuser Landgraben könnten seitenlang fortgesetzt werden, denn als teilweise kriegerisch heiß umkämpfte Nahtstelle nahm er nicht nur direkten Einfluss auf die Thüringer Geschichte, sondern indirekt auch auf die Entwicklung Mitteldeutschlands. In dieser aufregenden Epoche, in der sich oft auf beiden Seiten die Gegner belauerten, entwickelte sich die »Lengefelder Warte« sozusagen zum »Checkpoint Charly« Nordthüringens. Sogar ein Grenzpunkt mit Ausschank, denn Heimatforscher vermuten, dass parallel zum Bau des Wehrturmes, der erstmalig im 12. Jahrhundert urkundliche Erwähnung fand, auch Gebäude zum Betrieb einer Ausspanne errichtet wurden.
Ab 1936 wehte ein frischer Wind im damals recht morschen Gemäuer. Zu jener Zeit erwarb der erfahrene Johannes Sander aus dem nahen Bickenriede, der zuvor schon das Dingelstädter »Deutsche Haus«, eine Gastwirtschaft im eichsfeldischen Kreuzebra, sowie in Mühlhausen das »Erfurter Tor« bewirtschaftet hatte, die »Lengefelder Warte«. Erweckte die historische Ausspanne gemeinsam mit seinem Eheweib Agnes aus einem Jahrhunderte währenden Dämmerschlaf und setzte – vor allem begünstigt durch die zunehmende Motorisierung – eine Entwicklung in Gang, die genau besehen bis heute das wirtschaftliche Überleben des Gasthauses gewährleistet. So richtig zur Sache aber ging's erst, als Sohn Herrmann und dessen junge Ehefrau kurz nach dem Zweiten Weltkrieg in zweiter Generation die Verantwortung für Haus und Hof übernahmen. Am Anfang ihrer Gastwirtkarriere eine schier unlösbare Aufgabe, denn nicht nur, dass ihnen die Beschaffung der damals streng rationierten Lebensmittel schlaflose Nächte bereitete, wie jeder in der im Gasthof ausgelegten Chronik nachlesen kann, waren sie obendrein gezwungen, das Anwesen endlich zu elektrifizieren. Der zentral verwaltete Warenfonds in jener Zeit zwang die Sanders, sich erst einmal mit einem abgewrackten Dieselgenerator zu begnügen. Der ließ dann auch fast anderthalb Jahrzehnte lang Tag und Nacht die Fundamente des ehrwürdigen Fachwerkgasthofes vibrieren, bis endlich Mitte der Sechziger der heiß ersehnte Anschluss an das öffentliche Stromnetz realisiert werden konnte. Aber auch bei anderen Gelegenheiten bebte an der »Lengefelder

Warte« der Boden. Genauer gesagt: der Tanzboden. Bis heute erzählen sich die Alten der umliegenden Gemeinden, wie sie einst in Scharen zum Maitanz auf die »Lengefelder Warte« pilgerten.

»Da damals viele mit dem Fahrrad anreisten, beschäftigte mein Vater aus Angst, dass Gelegenheit Diebe macht, und um Ärger zu vermeiden, bei solchen Veranstaltungen einen Fahrradwächter«, schwelgt der heutige Wirt Ullrich Sander in Erinnerungen. »Natürlich einen aus der Verwandtschaft. Der musste nebenbei Tanzbändchen verkaufen (ein Einzeltanz kostete anno dazumal 20 Pfennige)«, schildert er eine Zeit, die er leider nicht miterleben durfte, denn als er 1963 geboren wurde, musste dem Spektakel wegen zahlreicher Schlägereien notgedrungen ein Ende gesetzt werden. Außerdem nahm der Straßenverkehr von Jahr zu Jahr dermaßen zu, dass man ohnehin alle Hände voll zu tun hatte. Waren es an den Wochentagen vorwiegend LKW-Fahrer, die ihre Routen oft so planten, dass sie in der »Lengefelder Warte« einkehren konnten, überrannten an den Wochenenden in der DDR sogenannte Naherholungssuchende – heute würde man sagen Tagestouristen – den Gasthof. Ein Boom, der das alte Gasthaus bald aus allen Nähten platzen ließ und der das Wirtsehepaar Ullrich und Kerstin Sander, an die 1987 der Generationenstab weitergereicht wurde, kurz nach der Wende dazu ermunterte, ihr Geschäft zu erweitern. Um das historisch gewachsene Ensemble nicht zu zerstören, entschied man sich dabei bewusst gegen einen Anbau und so entstand nur wenige Meter vom alten Gasthof entfernt ein Hotel-

neubau. Unangetastet jedoch blieb die handgemachte Palette jener bewährten Speisen, mit denen drei Sander-Generationen ihre Gäste glücklich machten. »Obwohl ich während meiner Kindheit und Jugend zwischen den Fronten pendelte, ich besuchte beispielsweise den staatlichen Kindergarten im evangelischen Helmsdorf, wurde gleichermaßen in der Schule des evangelischen Zella, wie im katholischen Dingelstädt unterrichtet und bin postalisch ein »Lengefelder Latschen« (Spottname für die Bewohner der im Unstrut-Hainich-Kreis gelegenen Gemeinde Lengefeld), bereitet meine Frau die Speisen auf Eichsfelder Art zu«, erklärt uns Wirt Ullrich. Gerichte, die ich Ihnen nur empfehlen kann, und deren Aufzählung leider einer notwendigen historischen Betrachtung zum Opfer fiel. Dabei strahlt Ullrich Sander eine

Wirtspaar Sander mit seinen Gästen

Energie aus, die vermuten lässt, dass er trotz seiner Mehrfronten-Erziehung und der augenblicklich grassierenden Wirtschaftskrise kein Opfer des Borderline-Syndroms geworden ist. Er ist Optimist – eine Lebenseinstellung, die er auch seinen beiden Söhnen vermittelt hat.
Die stehen übrigens schon in den Startlöchern.

HOTEL & GASTHOF »LENGEFELDER WARTE«

Familie Sander
99976 Anrode
Telefon: 0 36 02–3 75 02 06
www.lengefelderwarte.de

Kronprinzen sind die royalistische Kaderreserve von Monarchien und erste Wahl, wenn es darum geht, nach dem Ableben eines Königs oder Kaisers deren verwaisten Thron zu besteigen. Ein meistens durch Erstgeburt ererbtes Privileg, für das sie von klein auf ein von Pflichten bestimmtes Leben fristen müssen.

Royalistische Traditionspflege

Duderstadt/Fuhrbach

20

Strengstens bewacht sind sie oft bis ins reife Alter Gefangene in einem goldenen Käfig und entwickeln zwangsläufig Neurosen, die sich später nicht selten zu ausgewachsnen Macken entwickeln. Was sie nicht immer freundlich erscheinen lässt. Umso erstaunlicher, dass Herrmann Otto seinen 1889 erworbenen Ausschank in der nahe Duderstadt gelegenen Gemeinde Fuhrbach »Gasthof zum Kronprinzen« taufte. Noch dazu, wenn man sich ins Bewusstsein ruft, dass den Eichsfeldern jegliche Obrigkeitshörigkeit zuwider ist. Eine Einstellung, die – ähnlich heilig wie der Rütli-Schwur – über Jahrhunderte deren Verhältnis zu jeglicher Staatsmacht maßgeblich beeinflusste.
Was also bewog den Wirt Franz Otto aber zu diesem Kniefall vor der Herrschaft?
Des Rätsels Lösung ist einfach: Er diente gemeinsam mit Kronprinz Friedrich Wilhelm von Preußen – dem späteren Kaiser Wilhelm II. – in einem Regiment. Was einen derartig nachhaltigen Eindruck bei ihm hinterließ, dass er seine gastronomische Laufbahn mit Hohenzollernschem Glanz aufpolierte. Eine zudem auch werbetechnisch außerordentlich kluge Entscheidung, denn der ein Jahr vor dem Kauf inthronisierte Regimentskamerad war als »Reisekaiser« nicht nur für seine zahlreichen Inspektionen durchs Reich bekannt, sondern auch für seine Vorliebe, während solcher Touren ausschließlich in Luxushotels abzusteigen.
Hegte der Neu-Hotelier vielleicht die Hoffnung, dass eines Tages seine Majestät bei ihm logieren würde? Ein Wunsch, der trotz aller Kaisertreue leider Gottes unerfüllt blieb.

Dabei wären solche Gedankengänge gar nicht so abwegig gewesen, verdankt der Gasthof »Zum Kronprinzen« seine Existenz doch einzig dem Umstand, dass in Fuhrbach ein Logierhaus benötigt wurde, »... das Fremdenzimmer mit einer Ausstattung für die besseren Stände bereit zu halten habe ...«. Eine Verfügung, die bis heute in den Akten des Kreisarchivs nachzulesen ist. Denn in Fuhrbach gab es schon zwei, wenn auch weniger komfortable Gasthöfe. Nur, weil diese den hohen Ansprüchen der immer häufiger hier aufkreuzenden gut betuchten Kundschaft nicht gerecht wurden, genehmigte man den Ausbau des bescheidenen Ausschanks zum Gasthaus. Diese Gäste reisten übrigens hauptsächlich aus dem damals luftverpesteten Ruhrgebiet an, um sich im gesunden Eichsfelder Mittelgebirgsklima von den Strapazen der industriellen Revolution zu erholen.
Das sprach sich in Windeseile in der »Welt« herum – nicht zuletzt durch die zahlreichen Fuhrbacher, die damals noch immer gezwungen waren, sich im Sommer als Wanderarbeiter zu verdingen. So zog gegen Ende des 19. Jahrhunderts eine immer größere Gästeschar in die ländliche Gemeinde.
Kein Wunder also, dass der dem Gründer nachfolgende Sohn Franz Otto bei seiner Geschäftsübernahme im Jahre 1920 ein Unternehmen vorfand, das für die damalige Zeit neben einigem Luxus auch mit einer Reputation ausgestattet war, die so kurz nach dem verlorenen Weltkrieg eine Grundvorrausetzung für jegliche Investition bedeutete.
Doch auch in jener Epoche zeigte sich, dass der gute Ruf eines Unternehmens keine dauerhafte Garantie für wirtschaftlichen Erfolg darstellt. So sind es neben Gottvertrauen und kaufmännischem Optimismus hauptsächlich die preußischen Tugenden, wie Fleiß, Ausdauer und persönliche Beschränkung, die den Erfolg der »Ottos« – und das bis in unsere Tage –

Hotel zum Kronprinzen

ausmachen. Ein Pflichtbewusstsein, das sich weiter vererbte. Zuerst, nachdem Franz Otto 1951 verstorben war, auf den Sohn Franz-Josef, und als auch dieser mit 56 Jahren viel zu jung von der Welt ging, an Franz-Josef Otto junior. Der hatte eigentlich geplant, sich nach dem Ende seiner Ausbildung zum Hotelfachmann auf Wanderschaft durch die Hotellerie Europas zu begeben. Doch auch hier siegte das Wohl der Familie über das eigene Interesse. Gemeinsam mit seiner Mutter Annemarie stürzte er sich zu Hause in das Abenteuer Gastronomie, krempelte den »Kronprinzen« in den Jahren 1994/95 von den Fundamenten bis zum Dachboden völlig um und setzte damit eine Tradition der ständigen Erneuerung fort, die einst 1893 mit dem ersten Zukauf und Umbau einer Scheune begann. Auch wenn der letzte gewaltige Schritt bis zum derzeitigen imposanten 4-Sterne-Hotel unter der Regie des Franz-Josef Otto junior vonstatten ging, hat fraglos jede vorherige Generation ebenso dazu beigetragen, dass sich das Hotel »Zum Kronprinzen« heute in einer behaglichen Eleganz präsentiert, die höchsten Ansprüchen gerecht wird. Und das mitten in einem Stückchen scheinbarer Verlassenheit, in der selbst in der Sahara funktionierende Handys ihrer Funktionalität beraubt sind. Doch was des einen sin Uhl, ist dem anderen sin Nachtigall – die Hoffnung, dass die Region neben dem Funknetz auch von – in ihren Augen – anderen Scheußlichkeiten des technisch-kulturellen Fortschritts verschont geblieben ist, mit denen technischer Fortschritt zuweilen einhergeht. Eine Aussicht, die durchaus Hotelbetten mit vom Alltag Gestressten füllen kann. Denn für jene strahlt dieses Fleckchen Untereichsfeld gerade dadurch Anziehungskraft aus, die noch zunimmt, wenn sie erst mal im »Kronprinz« das erste Gericht serviert bekommen.

Nicht nur, dass die Speisen keinen Deut von der deftig-bodenständigen Philosophie der Regionalität abweichen, werden sie auch auf jene »altmodische« Art und Weise zubereitet, die Geduld – und damit wiederum Liebe zum Beruf – voraussetzt.

Da werden Suppen noch aus Knochen und Fleisch und nicht aus Tüten gekocht, die Saucen aus Jus (Bratensaft) gezogen und Kartoffelpüree statt aus dem Beutel angerührt, aus heimischen Erdknollen gestampft. Da kennt man vom nahen Paterhof den Bullen noch namentlich, aus dem prächtige Koteletts und Filets geschnitten werden. Hier wird der unverzichtbare Eichsfelder Feldgieker im eigens dafür errichteten Reifehaus noch handgestreichelt und täglich eine Eichsfelder Rostbratwurst gestopft, die zu Grünkohl oder alternativ Sauerkraut offeriert wird. Doch neben den regionalen Rennern wie Bauchfleisch, Rippchen, Eichsfelder Schlachtesuppe und Tafelspitz, bietet die Küche auch Spezialitäten aus dem nahen Harz an. So auch die Bachforelle, bei der man wählen kann, ob sie als »Müllerin« oder »Blau« aufgetragen werden soll. Daneben zahlreiche Wildbraten, zu denen man hier oben jenseits des Kloßäquators Herzoginnenkartoffeln oder Spätzle reicht.

Und als ich schon dachte, ich hätte alles gesehen, was die Küche bereit hält, reichte uns die Auszubildende Dominique aus Nordhausen, die außerordentlich aufmerksam und erstaunlich fachkompetent bediente, eine Steakkarte, auf der ich zu meiner Überraschung sogar das in vielen Häusern mittlerweile zu Unrecht verpönte »Chateaubriand« entdeckte – ein aus der Rinderlende geschnittenes doppeltes Steak, das für zwei Personen angerichtet wird. Eine Versuchung, der zwei unserer Tester nicht widerstehen

Die »Otto-Dynastie«

Berühmtes »Otto'sches Essen«: Rinderbeinscheibe mit Meerrettichsauce

Variationen von der Wachtel

konnten. Während ich schreibe, läuft mir angesichts eines auf meinen Bildschirm projizierten Handy-Bildes, das sie von diesem Prachtstück geschossen haben, das Wasser im Munde zusammen.
Für alle diese »antiquierten« Köstlichkeiten zeichnet noch immer die Seniorchefin des Hauses verantwortlich. Einst im Kasseler Hotel »Engelsburg« Köchin gelernt, steht sie auch heute noch, in einem Alter, in dem sich andere Damen unter Rheumadecken verkriechen, tagtäglich in der Küche des »Kronprinzen« und wacht mit Argusaugen über die Einhaltung der vererbten »köchelnden« Spielregeln. So ist sie nach früher Witwenschaft nicht nur als Köchin, Bewahrerin und Beschützerin einer ererbten Tradition auch immer bereit, klaglos den Spagat zwischen Grand Dame und Dienstmagd für ihre Gäste auszuführen.
Ein Unterfangen, das ihr umso leichter fällt, seit der nächste in der Dynastie der Ottos – der achtjährige Kronprinz Linus – immer öfter auf einen Schemel steigt, um in die Töpfe und Pfannen seiner Großmama zu blicken.
So lebt die Tradition des »Kronprinzen« weiter.

Hotel & Restaurant »Zum Kronprinzen«

Familie Otto
Fuhrbacher Straße 31/32
37115 Duderstadt/Fuhrbach
Telefon: 0 55 27 – 91 00
www.hotelzumkronprinzen.de

Zwanzig Jahre nach der Wiedervereinigung hat ein Grenzübertritt von Thüringen nach Niedersachsen natürlich längst seinen einstigen Schrecken verloren. Dort, wo Stacheldraht und Selbstschussanlagen die DDR wie einen Raubtierkäfig sicherten, brütet heute der Schwarzstorch, gedeiht der Frauenschuh und jagt der Fischotter fröhlich nach Fröschen.

Die Tränen des Grafen Isang

21

Seeburg

Trotzdem laufen mir auch zwanzig Jahre nach der Wiedervereinigung noch immer Schauer über den Rücken, wenn ich die ehemalige innerdeutsche Grenze überquere, und ich erinnere mich mit Schrecken an die Schikanen der Zöllner und Soldaten, die sogar an der vergleichsweise harmlosen Grenze zu den sogenannten sozialistischen Bruderländern manchen DDR-Bürger wie einen Kriminellen behandelten. Entsinne mich, wie ich mir oft zwei Zigaretten gleichzeitig ansteckte und denke mit Abscheu an eine Leibesvisitation, bei der man »ganz zufällig« eine größere Summe schwarz getauschter tschechischer Kronen fand, ohne dass ich ahnte, dass der Verräter meines Devisendepots einer meiner besten Freunde war, der mich obendrein auf dieser Fahrt sogar begleitete. Besonders eindringlich überwältigten mich solche Reminiszenzen, als ich in den letzten Monaten mehrmals den ehemaligen, mittlerweile zum Museum ausgebauten Grenzübergang in Teistungen passierte und ich wünschte, jedes Thüringer Schulkind würde an den Wandertagen nicht nur die Feengrotten, die Wartburg oder den Kyffhäuser besuchen, sondern auch dieses eindringliche Denkmal unserer jüngeren Geschichte.

Nur kurze Zeit nach einer erneuten Passage dieser ehemaligen Grenze hatten wir unser heutiges Ziel, das nur rund zehn Kilometer von Duderstadt entfernte Ausflugsrestaurant »Graf Isang« am Seeburger See, erreicht. Obwohl nahe der ehemaligen Demarkationslinie, wähnten wir uns schlagartig in einer anderen Welt. Nichts, aber auch gar nichts, erinnert in

Der Seeburger See auf einer colorierten Postkarte um 1900

diesem idyllischen Stück westlichen Eichsfelds, das übrigens schon 1973 unter Naturschutz gestellt wurde, an die tiefen Wunden, die nur einige Autominuten in östlicher Richtung einst vom deutschen Teilungswahn in die Landschaft geschlagen wurden. Dabei war dieser Februartag, an dem ich dem See erstmalig begegnete, alles andere, als dazu angetan, die Landschaft zu genießen. Vielmehr versteckte sich die etwa 86 Hektar große Wasseroberfläche, die vor rund 2.500 Jahren durch den Einsturz unterirdischer Hohlräume entstand, unter einer dicken Eisschicht und ließ nur erahnen, mit welcher Farbenpracht der im Volksmund auch liebevoll »Auge des Eichsfelds« genannte See außerhalb des frostigen Winters seine Besucher zu begeistern im Stande ist.
Zusätzlich verschluckte wattiger Nebel das gegenüber liegende Ufer und verwandelte die Szenerie in ein Bühnenbild, das einer Erzählung E.T.A. Hoffmanns würdig gewesen wäre. Plötzlich kam mir die schaurige Moritat des Grafen von Isang in den Sinn, von dem die Sage berichtet, dass er aus Reue über sein lasterhaftes und sündiges Leben soviel geweint habe, dass sein Schloss mit Mann und Maus dereinst in einem Meer aus Tränen versank.
In der Hoffnung, dass diese eher trüben Vorzeichen nicht auf die Qualität der zu erwartenden Bewirtung abfärben, steuerten wir den eindrucksvollen boots-

hausähnlichen Komplex der Restauration an, deren klassizistisch anmutenden Kupferdächer aus der winterlich grauen Tristesse heraus mit türkisblauer Galanterie zur Einkehr locken.
Direkt am Ufer des Sees gelegen, wurde das heutige Lokal im Jahre 2004 als Nachfolger zweier Gasthäuser errichtet – das erste datiert aus der Mitte der Zwanziger des letzten Jahrhunderts – als der morastige Uferschlick Stück für Stück alles verschlang. Diesmal jedoch ließ der neue Bauherr in kluger Voraussicht die Fundamente mit metertiefen Betonpfeilern verankern und bescherte dem Haus damit nicht nur Stabilität, sondern Zukunft.
Ein durchdachtes Konzept, das sich im Inneren des Gebäudes fortsetzt. Einerseits ist es gelungen, einen eigentlich architektonisch kühl wirkenden riesigen Raum trotz eleganter Schnörkellosigkeit dermaßen raffiniert in behagliche Erlebnisbereiche zu separieren, dass sich jeder Gast sofort heimisch fühlt; andererseits gewährt eine durchgehende Glasfront ungehinderten Blick auf den See. Vor allem im Winterhalbjahr und an nicht so sonnigen Tagen, wenn das Wetter die Besucher von der imposanten Freiterrasse vertreibt, mehr als eine angenehme Alternative. Doch im Endeffekt meiner Tests – und ich würde da manchmal gern über meinen Schatten springen – richte ich mein Augenmerk vorwiegend auf das gastronomische Potential eines Unternehmens. Nicht, dass mir die blanken Holztische und die mit Kuhfell und Leder bezogenen Sitzgarnituren im »Graf Isang« nicht imponierten, mir die im Stile italienischer Designer zurückhaltend grau patinierten Holzbalken keine Anerkennung abverlangten, war ich doch gespannt, auf welche Art und Weise es den

Mitarbeitern des Hauses gelingen würde, die nebulöse Stimmung des Tages in jenes prickelnde Wohlgefühl zu verwandeln, das einen Restaurantbesuch eigentlich erst zum Erlebnis werden lässt.
Während ich noch befürchtete, dass mein Anspruch auf Zufriedenheit ebenso in einem Meer von Tränen versinken würde, wie einst das Schloss des sittenlosen Grafen Isang, wurde ich von einer Welle der Gastfreundschaft überflutet, die jeden weiteren Zweifel im Keime erstickte.
Die schwappte in Gestalt des Kellners Christopher Jünemann auf die Bühne und fegte mit einem Wisch das Klischee hinweg, dass Mitarbeiter des Gastgewerbes besonders an wenig frequentierten Tagen Spießgesellen der Lustlosigkeit seien. Dabei entfachte er nicht nur ein Feuerwerk der Gastlichkeit, das in manchen spröden Eichsfelder Gasthäusern Schule machen sollte, sondern er tat dies auch mit einer bescheidenen Direktheit, die weit entfernt von jeglicher Millerschen »Halten-zu-Gnaden-Devotion« das Gefühl des Willkommenseins vermittelt.
Ein Kompliment, das ebenfalls nahtlos auf seine Kollegin Yvonne Dietrich adaptiert werden muss, denn auch sie bediente uns mit einer unaufdringlichen Liebenswürdigkeit, die mehr wert ist, als aller kulinarischer Humbug, mit dem einige Wirte versuchen, ihre Schwachstellen bei der Bedienung zu vertuschen.
Im »Graf Isang«, das war mir sofort klar, konnte die Küche auf den Tisch stellen, was sie wolle, würde sich mein Bericht hauptsächlich auf die ersprießlichen Erfahrungen mit dem Service konzentrieren, denn was nützt die heißeste Suppe, das raffinierteste Dressing oder die exotischste Anrichtungsweise, wenn die Kellner mit Gesichtern herumlaufen, als

Seeidylle

würden sie unter Magengeschwüren leiden. Doch auch betreffs der Speisen wurde ich angenehm überrascht. Nicht nur, dass der Service alle Gerichte gleichzeitig auftrug – eine im Grunde genommen selbstverständliche Handreichung, die bedauerlicherweise in zahlreichen Gasthäusern dem Vergessen anheim gefallen zu sein scheint –, waren sie auch frisch zubereitet und verrieten nach der Verkostung, dass in der Küche des »Graf Isang« soweit wie möglich auf chemische Einflussnahme und die Verarbeitung zeitsparender Convenience verzichtet wird.
Das Speisenangebot selbst bewegte sich bei unserem ersten Test auf internationalem Parkett und war eindeutig mediterran ausgerichtet. Dass neben Tilapiafilet (vorwiegend in Afrika gezüchtete Buntbarschart) auf Orangen-Ingwer-Parpadelle für 16,80 Euro und Wolfsbarschfilet mit Kräuterpanade für 17,20 Euro auch die in der näheren Umgebung gezüchtete Forelle »Müllerin« mit Salzkartoffeln für 13,40 Euro angeboten wird, tröstete nicht darüber hinweg, dass der Speisezettel dieses tief in der Region geschichtlich verwurzelten Hauses anfangs leider handfeste Bekenntnisse zur Eichsfelder Küchentradition vermissen ließ. Das änderte sich schlagartig, als der Fuhrbacher Hotelier Franz Josef Otto im Sommer diesen Jahres den »Graf Isang« als Pächter übernahm und umgehend damit begann, die Angebote zu entstauben und auf bodenständige Fundamente zu stellen. Erfreulicherweise, ohne auf Filigranität zu verzichten, wurde plötzlich wieder mehr Wert auf einheimische Produkte gelegt und die alten regionalen Klassiker, wie geschmortes Lamm, gekochter Tafelspitz oder auch das gute alte Kalbsschnitzel, um nur einige aufzuzählen, feierten eine von den Stammgästen umjubelte Rückkehr.
Alles Delikatessen, die meine Frau Martina übrigens völlig kalt lassen, denn die bewertet eine Ausflugsrestauration vor allem nach ihrem Dessert- und Kuchenangebot; ein Kapitel, das ich zugegebenermaßen wie viele andere Restaurantkritiker auch, oft frevelhaft vernachlässige.
Hier jedoch wurde ich hellhörig, denn plötzlich fielen mir in der Kuchentheke Torten und Kuchen auf, die eindeutig die Handschrift der Seniorchefin

Aufmerksamer Service

des Fuhrbacher »Kronprinzen« Annemarie Otto trugen. Auch, wenn ich weiß, dass Annemarie Otto in ihrer Küche viele fleißige Helfer hat, ist es für mich immer wieder ein Rätsel, wie sie ein solches Arbeitspensum bewältigt. Meiner Martina hingegen sind solche Überlegungen scheinbar fremd. Für sie ist die delikate Kuchenauswahl nur das ultimative Signal, dieses Restaurant zukünftig mehrmals im Jahr aufzusuchen.
Man sollte sich ihr einfach anschließen.

Restaurant »Graf Isang«

Franz Josef Otto
Seestraße 37
37136 Seeburg
Telefon: 0 55 07–91 98 80
www.grafisang.de

Das Betreiben selbst eines noch so bescheidenen Betriebes des Bewirtungs- und Beherbergungsgewerbes verlangt eine ebensolche Weitsicht, wie das Führen eines Schiffes. Und obwohl die Beweggründe von Gastronomen und Kapitänen bei der Wahl ihres Berufes sicherlich ebenso widersprüchlich sind, wie die von Finanzbeamten und Künstlern, verlangen die täglichen Herausforderungen eine ähnliche Herangehensweise.

Wo Schnitzler einst das Weite suchte

22

Reifenstein

Nicht nur, dass beide ihren Arbeitsplatz mit äußerster Wachsamkeit sicher um alle Klippen steuern müssen, werden sie darüber hinaus immer öfter gezwungen, sich zunehmend Übergriffen von Piraten zu erwehren. Eine Aufgabe, der Kapitäne mit historisch gewachsener Gelassenheit begegnen. Die Bezwinger der Weltmeere wissen genau, wo die Gefahren lauern und können sich, wie die derzeitigen Piratenattacken vor Somalia beweisen, nicht nur uneingeschränkter internationaler Solidarität erfreuen, sondern werden von ihren Nationen sogar massiv militärisch geschützt.

Doch wer schützt eigentlich Kneiper, Köche und Budiker vor Freibeutern? Was gleich die nächste Frage aufwirft: Wer überfällt sie überhaupt?
Worauf man lakonisch antworten muss: Jede Person oder Institution, die sich davon Profit und Profil verspricht – selbst der Staat! Dieses Thema hier jedoch zu vertiefen, würde zu weit führen und von meinem eigentlichen Anliegen, der Beschreibung der Gastlichkeit auf dem Eichsfeld, zu weit abschweifen.
Trotzdem ist erstaunlich, dass es immer wieder Menschen gibt, die sogar in krisengeschüttelter Zeit noch den Mut aufbringen, in die Gastronomie zu investieren.
»… was angesichts der unübersichtlichen Situation auf dem Finanzmarkt besser ist, als die Kohle Bankern anzuvertrauen …«, wie mein Freund Bernd trocken bemerkte, als ich ihn letztlich darauf ansprach. Kurz vor Weihnachten hatte dieser gelernte Koch nämlich mit seinem Ersparten in einer Thürin-

ger Kleinstadt einen Imbiss-Stand eröffnet. »Verheizen kann ich mein Geld auch selbst«, lächelte er mit Galgenhumor, denn sein neues Unternehmen ist schon der x-te Versuch, seine Selbstständigkeit mit Erfolg zu krönen. Hoffentlich klappt's dieses Mal.
Im Gegensatz zu meinem Spezi Bernd hat der Leinefelder Matthias Bause nicht nur den Inhalt seiner Sparbüchse geräubert, sondern sich beim Einstieg in das Bewirtungsgewerbe erst einmal nachhaltig mit Krediten verschuldet. Dafür verwirklichte er 1993 einen lang ersehnten Traum und erwarb von der Treuhand das ehemalige Ferienheim des STK Erfurt/Betriebsteil Leinefelde (Straßen- und Tiefbaukombinat) in Reifenstein.
Übrigens sein erster und, wie er im Gespräch lakonisch feststellt, nach ernüchternden Erfahrungen auch sein einziger Versuch, in der Gastrobranche Fuß zu fassen. Eine Entscheidung, an der seine Ehefrau Jitka nicht ganz unbeteiligt war. Die charmante Tschechin schwärmt noch heute vom weltberühmten Marienbader Palasthotel, wo sie einst lernte. Während sie sich nämlich mit dem Kauf des Reifensteiner Hotels auf vertrautem Parkett bewegte, betrat ihr Ehemann, der zuvor als Gartenbauingenieur in Erfurt tätig war, Neuland.
»Natürlich sahen wir damals alles durch die rosarote Brille. Auch uns hatte, wie zahlreiche andere, die Wende-Euphorie gepackt«, erklärte uns der Hotelier. Nannte seufzend die im Nachherein besehen unfassbare Summe, die er für das Hotel auf der Grundlage eines haarsträubenden Gutachtens hinblättern musste und verzog in Erinnerung an seine damalige kaufmännische Unbeholfenheit das Gesicht, als drangsaliere ihn ein vereiterter Weißheitszahn.

Wir saßen im Restaurant des Hotels, tranken Espresso und erfreuten uns am herrlichen Ausblick in den verschneiten Dün (auch Dünwald genannt) – ein rund 35 Kilometer langer sanfter Muschelkalk-Höhenzug, der im nördlichen Eichsfeld von den Tälern der Wipper und Leine begrenzt wird und im Südwesten allmählich ins Mühlhäuser Becken übergeht und im Osten mit der Hainleite verschmilzt.
»Die Leinefelder Straßenbauer haben sich natürlich eines der schönsten Fleckchen im Eichsfeld ausgesucht, um ihr Ferienheim zu errichten«, erläuterte Matthias Bause weiter, als er unseren bewundernden Blicken hinaus in die malerische Landschaft folgte, »und, um eventuelle Kritik hinsichtlich Naturschutz von vornherein im Keime ersticken zu lassen, setzten sie ihr Feriendomizil erstmal als Schwarzbau in die Landschaft!«

Für wenige Augenblicke hielt er inne und beobachtete ein älteres Paar, das einen Fensterplatz suchte. Fuhr dann fort: »Eine Entscheidung, die von ganz oben abgesegnet war.« Zeigte mit dem Daumen an die Decke und als gelernter DDR-Bürger war mir natürlich sofort klar, dass er mit dieser Geste die Genossen in Berlin meinte.
Ein Wohlwollen, das sich die Bonzen fürstlich honorieren ließen, denn nach Fertigstellung der Ferienanlage quartierten sie sich dort als Dauergäste ein. Was die einheimische Bevölkerung natürlich in Zorn versetzte, denn während ihnen der Zutritt nur im sporadischen Nomenklaturverfahren gewährt wurde, lebten die Funktionäre hier wie die Maden im Speck. Was letzten Endes wohl auch Karl Eduard von Schnitzler (einstiger Chefkommentator des DDR-Fernsehens und Erfinder des »Schwarzen Kanal«,

einer Hetzsendung gegen das Westfernsehen) dazu bewog, wiederholt die Reifensteiner Gemarkung zu »beehren«. Dabei verliebte sich der passionierte Jäger dermaßen in das Jagdrevier in der »Genei«, dass er sich entschloss, dort auch noch eine Datsche zu errichten. Unter dem scheinheiligen Deckmantel, er wolle nun endlich auch das Eichsfeld in die sozialistische Familie führen, beorderte er zu diesem Zweck im Sommer 1989 einige örtliche Entscheidungsträger zur Bauberatung ins Reifensteiner Hotel, was durch den Buschfunk publik wurde und zahlreiche Bürger der Umgebung zu einer für die damalige Zeit einzigartigen Protestaktion veranlasste. Bewaffnet mit »Schnitzler raus«- und »Das Eichsfeld den Eichsfel-

dern«-Schildern demonstrierten sie derart lautstark vor dem Hotel, dass »Sudel-Ede« der Schreck in die Glieder fuhr und er panikartig durch einen Hinterausgang das Weite suchte. Wovon seine damals zurückgelassene Jagdtasche mit DDR-Emblem – noch heute im Jagdzimmer zu bestaunen – Zeugnis ablegt. Mittlerweile hatte sich das Paar am Fenster zu einer Bestellung durchgerungen. Ihre etwas zu lautstarke Konversation verriet uns, dass »Vati« zur Zeit im Reifensteiner Krankenhaus kuriert wird. Das ist seit vielen Jahren in den Gebäuden des ehemaligen Zisterzienserklosters untergebracht, das anno 1162 von Mönchen des Volkenrodaer Klosters sozusagen als Zweigniederlassung gegründet wurde.

HR
Hotel
Reifenstein

Allein die wechselvolle Geschichte dieses Klosters, das nicht nur aufwendig saniert wurde, sondern dessen medizinisches Leistungsvermögen einen ausgezeichneten Ruf genießt, wäre einen Ausflug nach Reifenstein wert, das heute zur Gemeinde Kleinbartloff gehört. Eine Tatsache, die dem »Vati« sicherlich auch die inzwischen hervorragenden Leberwerte beschieden haben, wie er ebenfalls unüberhörbar kundtat. Was ihn ohne Verzug dazu veranlasste, sich mit freundlicher Genehmigung von »Mutti« ein »etwas mageres« Eisbein zu bestellen.
Das Speiseangebot im Hotel Reifenstein überzeugt durch sein Bekenntnis zur Regionalität und selbst die angebotenen internationalen Spezialitäten kleiden sich im sittsamen Mantel bürgerlicher Bodenhaftung. Während Mittagstisch ausschließlich sonntags angeboten wird, präsentiert man jeden Tag ab 17 Uhr eine reichhaltige Abendkarte, die neben den Rennern der Eichsfelder Küche mit einem Feuerwerk unterschiedlichster Steaks überrascht. Und das in einer Qualität, die man in der doch sehr beschaulichen Region nicht vermutet hätte.
Positiver Nebeneffekt: Durch allzu ausschweifende Tafelfreuden verursachte körperliche Gebrechen können problemlos in der Nachbarschaft bei den Klosterschwestern auskuriert werden.

HOTEL »REIFENSTEIN«

Familie Bause
Am Sonder
37355 Kleinbartloff/OT Reifenstein
Telefon: 03 60 76-47-0
www.hotel-reifenstein.de

Tradition wird groß geschrieben ...

Kaum ein anderer Erwerbszweig fordert soviel Opferbereitschaft von der Familie, wie das Betreiben eines gastronomischen Betriebes! Im ständigen Bemühen, ihre Gäste auf das Beste und Vorzüglichste zu verwöhnen, haben Gastwirte Jahrhunderte lang das Wertvollste, was sie besitzen, schonungslos ausgenutzt: das Vertrauen, die Liebe und die Selbstaufopferung ihrer Angehörigen. Wobei diese natürlich sich nicht nur aus reinem Edelmut dieser Knebelung unterwarfen, denn im Gegenzug konnten sie sich darauf verlassen, immer ein Dach über dem Kopf und täglich etwas zu futtern zu haben.

Zwischen Heidschnucke und »Jambalaya«

23

Nesselröden

Besonders in wirtschaftlichen Notzeiten ist das nicht von der Hand zu weisen. Ein Prinzip der familiären Abhängigkeit, zu dem die Wirtsleute notgedrungen gezwungen waren, denn ihre Wirtshäuser konnten nur überleben, weil sich sämtliche Familienmitglieder widerspruchslos unterordneten. Diese gewährleisteten indes nicht nur eine gleichbleibend hohe Bewirtungskultur, sondern zeichneten durch ihren selten finanziell adäquat entlohnten unermüdlichen Einsatz vordergründig auch für den wirtschaftlichen Erfolg eines Familienbetriebes verantwortlich.
Besonders gegen Ende des 19. Jahrhunderts entwickelten sich auf der Grundlage solcher familiärer Kompromisse auch in Thüringen ausgezeichnet funktionierende gastronomische Familiendynastien, die über Jahrzehnte Maßstäbe setzten und denen sich beispielsweise im Thüringer Wald kaum ein Gast entziehen konnte. Es sei denn, er machte Picknick.
Dass sich solche Modelle aber sogar in unserer Zeit noch rechnen, beweisen die zahlreichen ausländischen Wirte in Deutschland, die oftmals nur erfolgreich sind, weil sie die Posten ihrer Restaurationen mit Familienangehörigen besetzt haben. Das spart (leider) nicht nur Löhne und Sozialabgaben und lästiges Kontrollieren, sondern verhindert darüber hinaus, dass fremde Augen allzu tief in die Praktiken ihres unternehmerischen Handelns eindringen. Familie ist eben gehorsamer als Fremdpersonal ... und schweigt.
Unglücklicherweise führten Landflucht, zunehmende Generationenkonflikte sowie das Streben nach sozialem Aufstieg und finanzieller Absicherung im Laufe der letzten Jahrzehnte dazu, dass immer weniger Gasthöfe von deutschen Wirte-Familien geführt werden. Die wenigen Aufrechten indes, die gegen den Trend ihre Gasthöfe und Restaurants noch immer im Familienverbund betreiben, haben sich erfreulicherweise erfolgreich am Markt etabliert und sind nicht nur sinnbildlich einladende Rettungsinseln im Meer des gastronomischen Einheitsbreis. Was beweist, dass sich die Menschen in unserem Land trotz aller Offensiven amerikanischer Fast-Food-Ketten

und der Beutelsuppengastronomie noch immer einen Funken des ursprünglichen Geschmacks bewahrt haben.
Doch selbst auf dem bodenständigen Eichsfeld – und da beziehe ich ausdrücklich alle Regionen ein – haben nur wenige Gasthäuser überlebt, die sich auf die Kraft der Familie verlassen, ohne gleichzeitig ihre Angebotspalette drastisch gesenkt zu haben.
Doch plötzlich wehte mir der bekanntermaßen unbestechliche Buschfunk dermaßen zahlreiche Adressen traditioneller Familienbetriebe zu, dass ich – obwohl ich eigentlich meine Zelte im Eichsfeld schon abbrechen wollte – nicht anders konnte, als einige von den besonders beliebten aufzusuchen.
So lernte ich auch die Gemeinde Nesselröden, nahe Duderstadt, kennen. Nicht zu verwechseln übrigens mit dem hessischen Nesselröden bei Herleshausen ist die unmittelbar an der ehemaligen innerdeutschen Grenze gelegene gleichnamige Eichsfeldgemeinde seit 1973 ein Ortsteil von Duderstadt. Erstmals anno 1183 urkundlich erwähnt, wurde sie Ende des 14. Jahrhunderts als eines von vierzehn Ratsdörfern dieser untereichsfeldischen »Metropole« zugeschlagen.
Trotz dieser Eingemeindung haben sich die Nesselröder aber ihre ureigensten und für Außenstehende sicherlich manchmal etwas introvertiert anmutenden Eigenarten bewahrt, was sich auch an der großen Vielfalt von Vereinen festmachen lässt, in denen sie bis heute unverdrossen ihre Sitten und Gebräuche zelebrieren. Dass sie dabei ihr Fähnchen nie nach dem Wind gehangen haben, macht sie liebenswert und schafft Vertrauen. Bestes Beispiel dafür sind die regelmäßigen Treffen in einem Rauchclub, in dem trotz Ächtung des Blauen Dunstes in der Tradition von historisch überlieferten Tabakkollegs noch immer unverdrossen debattiert und gestritten wird.

Um die Sache wenigsten nach außen hin etwas zu kaschieren, entschlossen sich die Raucher vor einigen Jahren, nebenbei etwas zu wandern und zu kegeln – eine Interessenkombination, die nach meinen Recherchen einzigartig ist.
Aber die von nur rund 2250 Seelen bewohnte Gemeinde kann noch mit einer weiteren Rarität aufwarten: Man leistet sich nämlich zwei intakte über Generationen gewachsene Gasthäuser – das Gasthaus und Hotel Schenke und den Landgasthof Rhode. Keine Alltäglichkeit, denn Nesselröden ist nicht gerade das touristische Nonplusultra des Eichsfeldes und so sind die die Herren Wirte gezwungen, einen Großteil ihrer Umsätze mit einheimischer Kundschaft zu erlösen. Eine Aufgabe, der sich der Schenke-Wirt mit regionalen Spezialitäten unter dem Motto »Eichsfeld Pur« stellt, die Rhodes hingegen mit einer Melange aus Eichsfelder Bodenständigkeit und mediterraner Lockerheit. Eine kulinarische Verknüpfung, die sich im Lande herumgesprochen hat und die auch uns nach Nesselröden lockte.

In einem Familienbetrieb wird jede Hand gebraucht

Begonnen hat die Familiensaga der Rhodes, als »Opa« Erich, der übrigens Anfang 2009 im gesegneten Alter von 88 Jahren seinem Schöpfer entgegen trat, im Jahre 1956 die Gaststätte Kücking pachtete. Der war zuvor aus Bischofferode »rüber gemacht« und übernahm das Wirtshaus von zwei nicht ganz so erfolgreichen Kusinen des damals verstorbenen Nesselröder Originals »Chiegen Gustav« (Geigen Gustav), einem urigen Eichsfelder Wirt, von dem überliefert ist, dass er in seinen letzten Lebensjahren sein bester Gast gewesen sei.

Fleiß, Ausdauer und die Fähigkeit, zielgenau den Geschmacksnerv seiner neuen Heimat zu treffen, versetzten den Übersiedler nur neun Jahre später finanziell in die Lage, das Anwesen käuflich erwerben zu können. Was folgte, waren, ähnlich wie bei anderen aufstrebenden Unternehmungen, Jahre harter Arbeit, gepaart mit Gottvertrauen und jenem Quäntchen Glück, das dem rechtschaffenen Geschäftsmann damals auf dem Eichsfeld noch hold war.
In den Achtzigern dann, als sich herauskristallisierte, dass sein Sohn Manfred in absehbarer Zeit in die

Mediterrane Eleganz im Land der Feldgieker

väterlichen Fußstapfen treten würde, rüstete die Familie auf und krempelte das Anwesen nach allen Erkenntnissen der modernen Gastronomie um. »Trotzdem kein Grund sich auszuruhen«, wie der endgültig kurz nach der politischen Wende zurückgekehrte Sohn des Hauses in einem emotional geführten Gespräch betonte, in dem er außerdem besonders die Bequemlichkeit und Gedankenlosigkeit vieler seiner Kollegen bei der Speisezubereitung beklagte. Sprach's und huschte zurück in die Küche, in der er seit einigen Jahren gemeinsam mit Sohn Alexander, dessen Ehefrau, mit der Seniorchefin den Service schmeißt, solche internationalen Highlights, wie Kalbsrückensteak »Caprese« (22,70 Euro), Rinderfilet »Südfranzösische Art« (26,50 Euro), hausgemachte Bandnudeln »Carbonara« (9,50 Euro), scharfes Truthahnfilet »Jambalaya« (16,20 Euro) oder einen exzellent gebratenen »Mallorquinischen Fischteller« (16,90 Euro) zaubert, ohne auf Eichsfelder und niedersächsische Spezialitäten, wie Variationen von der Gerblingröder Heidschnucke oder auf Grünkohl mit leicht geräucherter Bregenwurst, zu verzichten. Auch die Heidschnucken werden »in Familie« vom Schwager gezüchtet und sind, ebenso wie die unvergleichlichen Eichsfelder Wurstspezialitäten, die in der hauseigenen Metzgerei hergestellt werden, das vortreffliche Resultat jahrzehntelanger Erfahrung.
Doch nicht genug, mischt auch die erste Generation noch kräftig mit. Weder Mutter Erika Rhode noch Schwiegermutter Anna Huch haben gelernt, still zu sitzen und helfen, je nach Tagesform, vor allem in der Küche aus. Sparen nicht mit Lob, vergessen aber auch nicht, passende Kommentare über Dinge abzugeben, die ihnen zu »neumodisch« erscheinen.
Denn erfolgreich ist ein Familienbetrieb nur dann, wenn er, wie bei den Rhodes, in der Lage ist, selbst bei Kritik aus den eigenen Reihen Stärke zu zeigen.

»LANDGASTHAUS RHODE«

Familie Rhode
37115 Duderstadt/OT Nesselröden
Nesselröder Straße 29
Telefon 05527 98100
Telefax 05527-981030
www.langsthaus-rhode.de

Nomen est Omen: Der Name weist zum Ziel! Suchen Sie also Lindewerra, dann folgen Sie der Werra und dort, wo die Schöpfung den Fluss zwang, sich wie ein Hufeisen zu krümmen, finden Sie, beschützt von den Bergen Hessens und des Eichsfeldes, besagten Ort in einem zauberhaften Tal. Hier hat es der liebe Gott besonders gut mit Thüringen gemeint, denn, wenn im Frühjahr auf den rauen Höhenzügen ringsherum noch Väterchen Frost regiert, verwöhnt längst mildes Klima diese Oase wärmerer Temperaturen. Deshalb ist Lindewerra auch schon lange kein Geheimtipp mehr unter den Ausflüglern, die das Tal erwandern, erradeln und erpaddeln können, das für diese Aktivitäten bestens gerüstet ist.

Alpenglühn 24

Lindewerra

Auch die Gebrüder Grimm aus dem nahen Göttingen und vor allem der von 1856–1864 in Heiligenstadt als preußischer Kreisrichter wirkende Theodor Storm, erkoren einst diesen märchenhaften Flecken zu einem unerschöpflichen Quell ihrer Phantasie. Mit Inbrunst schwärmte der Lyriker Storm in seiner Novelle »Eine Malerarbeit« begeistert: »Wer dessen noch fähig ist, der muss hier von Lebens- und Liebeslust bestürmt werden.«

Nur einmal, rund vierzig Jahre lang, bestrafte die Geschichte dieses harmonische Stück Thüringer Muttererde, lähmte mit Trostlosigkeit und Bitternis das Gemeinwesen. Als Grenzabschnitt des Eisernen Vorhangs waren die Lindewerraer Flure sogar Bestandteil des Todesstreifens. Selbst für die Einwohner war der Zutritt zu ihrer Heimat damals streng reglementiert und überhaupt nur mit einem Passierschein zu erreichen. Niemand anders durfte die herrliche Landschaft betreten und so lustwandelten ausschließlich die linientreuesten der Genossen im Märchenland, deklamierten bei »Rotkäppchen halbtrocken« wie Wölfe mit Kreidestimme die Geschichten vom Gestiefelten Kater, den Sieben Geißlein und entfernten sich immer mehr von den Realitäten, was letztendlich auch dazu führte, dass wie im Märchen das Gute siegte.

Überschauen kann man diese Idylle besonders gut von der »Teufelskanzel«, einem gewaltigen Sandstein, den der gehörnte Pferdefüßige auf Grund einer Wette mit den Hexen vom Brocken herüberschleppte, um ihn, wie großspurig versprochen, am Hohen Meißner abzulegen. Doch verließen den Belzebub während des Fluges die Kräfte und er legte eine verbotene Rast ein, setzte den Fels ab und schlich – begleitet von Spott und Hohn, nachdem er beim Schlummerstündchen erwischt wurde – vom Acker, den Stein natürlich liegenlassend.

Die Lindewerraer selbst gehen am Stock … und das schon fast zwei Jahrhunderte lang. 1836 nämlich kam der Stockmacher Wilhelm Ludwig aus dem niedersächsischen Eddigehausen nach Lindewerra, begutachtete die an den Hängen wachsenden Eichenschösslinge, machte sich sesshaft und begann mit der

Stockmachermeister Benno Heinrich – Spezialist für Jagdsitzstöcke

Herstellung von Gehstöcken. Noch bis vor einigen Jahren blühte dort dieses Handwerk, obwohl die politische Wende nicht mehr für alle Betriebe Arbeit zuließ, da besonders im medizinischen Bereich – »Holzbein ade« – keine Naturmaterialien mehr verwendet werden.
Auch die Stockmacher der Familie Geyers ergaben sich schließlich den Gesetzmäßigkeiten der Marktwirtschaft, was aber nicht schwer fiel, denn Sohn Harry, der damalige Betriebsinhaber, und seine Frau Dorle hatten längst ein Auge auf die Gastronomie geworfen. Sie erkannten die Zeichen der Zeit und dort, wo der Stockmachermeister früher aus der Kornelkirsche den Ziegenhainer Stock bog, sitzen heute die Gäste seines »Werrakrug« und dürfen das grandiose Schauspiel seiner unnachahmlichen Bewirtungskunst erleben. Doch dazu muss man einen Blick in die Vita des Wirtes werfen. Aufgewachsen in

Zwei in einem Boot: Harry und Dorle Geyer

der Isolation konnten ihn die politischen Umstände wohl physisch fesseln. Aber wie singt Reinhard May so richtig: »Die Gedanken sind frei ...« So entwickelte sich der lockige Blondschopf Harry zum bekennenden Fan der alpenländischen Lebensart und träumte von Jugend an von Alpenglühn, Edelweiß und Lederhose. In einer solchen Krachledernen bedient er übrigens heute noch und mit »Wadelstrümpf« und forschem Gang ist er Bestandteil seiner selbst »ge-

Silke mit appetitlicher Auslage

zimmerten« Kulisse, die er scheinbar aus Elementen der Musikantenscheune und der Wolfsschluchtszene des »Freischütz« zusammengebastelt hat. Opfert sich zwischen Kunstblumengehängen, silbern fließenden Elektrobrünnlein, ausgestopften Eichelhähern und Gehörnen fremderlegter Böcke für seine Gäste auf. Dabei funkeln seine dunkelblauen Äuglein selbstbewusst, vor allem, weil seine Prognose der Tourismusentwicklung haargenau eintraf. Besonders an sonnigen Tagen, wenn der Laden gerammelt voll ist, verschmilzt er mit der Szene wie ein Schauspieler in der Bad Segeberger Naturbühne. Selbst beim größten Tohuwabohu nimmt man ihm deshalb auch längeres Warten auf Speis und Trank nicht übel. Der Einkehrer belächelt verständnisvoll die Konfusion seiner »Schwimmübungen« durchs Revier. Schaut man tiefer, bemerkt man, der Harry beherrscht das Chaos, was Genie vermuten lässt.
So richteten wir uns an einem Sonntagmittag am letzten freien Tisch ein und lauschten erst einmal ungewollt den halblaut sanft gesprochenen Dankesworten eines Pfarrers, der vor einem Rehbraten mit Klößen die Hände gefaltet hielt. Doch nur wenig später hatte er fraglos alle Ehrfurcht vergessen, hieb unchristlich in die appetitlich zu uns herüberduftenden halb und halb gekochten Klöße ein und machte ihnen so schnell und radikal den Garaus, als befürchte er, das unmittelbar bevorstehende Jüngste Gericht könne sein Mahl abrupt beenden.
Der Wirt kam und empfahl mir einen Werrakrug, gefüllt mit klarem Thüringer Waldquell. Natürlich nahm ich an, bestellte außerdem jedem Tester ein »frischgekräutertes« Broccoli-Basilikum-Creme-Süppchen und diverse Vor- und Hauptgänge.
Ungefragt setzte sich plötzlich eine ältere Dame an den letzten freien Platz unseres Tisches und klärte uns postwendend darüber auf, dass sie Stammgast und ihr Sohn Chefarzt einer bekannten Klinik sei. Sofort sprang »Quickly Harry« herbei und wollte blocken, doch bedauerlicherweise winkten wir in der Hoffnung ab, aus dieser »Quelle« viel Wissenswertes über den »Werrakrug« zu erfahren. Sie sprudelte wirklich wie mein Thüringer Waldquell und nach zwanzig Minuten Aufklärung über die Intrigen in den Fürsten- und Königshäusern Europas im beginnenden 3. Jahrtausend erschien uns die Beschäftigung mit unserer servierten Cremesuppe wie eine Erlösung.
Doch beim ersten Bissen war mir klar: keine Rose ohne Dornen, kein Traumtal ohne Teufelskanzel, kein Freischütz ohne Opfer durch Freikugeln. Und

Lebt denn der alte Holzfäller noch ...? – Klar, Harry Geyer hat ihn sich geschnitzt!

ich röhrte nach dem Kosten, so überrascht wie ich war, mit vollster Innbrunst in die versammelte Speisengemeinde ein dröhnendes »Samuel hilf!«
Ruckartig war Ruhe. Doch unerwartet applaudierten die ersten ob eines vermuteten Vortrages zaghaft. Aber dann, als unsere »Königin Mutter« am Tisch lautstark »Hurra« schrie, jubelte man ausgelassen über meine bühnenreife Leistung.
Ich war als Stammgast angekommen; weiß der Geyer!

Restaurant »Zum Werrakrug«

Harry und Dorle Geyer
Straße zur Einheit 1
37318 Lindewerra
Telon 03 60 87-9 85 00
Telefax 03 60 87-9 84 03
www.zumwerrakrug.de

Küchenchefin Dorle mag es klassisch: Rehkeule mit Pfifferlingen

Mit dem Gehstock auf die »Teufelskanzel«

25

Gerbershausen

Jahrhunderte schlief das eichsfeldische Werraland den Schlaf der Gerechten und war, abgesehen von einigen Scharmützeln zwischen dem Adelsgeschlecht der dort beheimateten Hansteiner und ihren ständig wechselnden Widersachern, weltpolitisches Niemandsland ohne jegliche gravierende geschichtliche Bedeutung.
Erst, als die Studenten der nahen Göttinger Universität zu Beginn des 19. Jahrhunderts die Reize dieser unberührten Idylle entdeckten und damit begannen, dieses Stück Eichsfeld auf ihren sonntäglichen Ausflügen behutsam aus dem Dornröschenschlaf zu küssen, kam so etwas wie erste zaghafte touristische Bewegung in die Landschaft … und in ihre Menschen.

Besonders die seit dem 17. Jahrhundert verlassene Ruine der Burg Hanstein zog die Göttinger Studiosi magnetisch an. Beseelt vom ausgehenden Sturm und Drang und der beginnenden Romantik zelebrierten besonders die als »Blaue Sänger« berüchtigten Jünger der Göttinger Alma mater auf dieser geschichtsträchtigen von der Natur teilweise zurückeroberten Ruinenbühne nicht nur ihre oftmals recht derben Rituale, sondern lebten dort auch ihre für diese Epoche charakteristischen idealistischen Auffassungen mittelalterlicher Lebensart aus.
Wozu die zahlreichen Sagen und Anekdoten dieser Gegend als mystisches Beiwerk wie geschaffen waren, prägten sie bei den jungen Wilden doch auch jenen unbeugsamen Willen nach Freiheit so nachhaltig, dass viele von ihnen später auf den Schlachtfeldern der napoleonischen Befreiungskriege für die Verteidigung dieses wertvollen Gutes bereitwillig ihr Leben opferten.
Mythen und Mären, die bis heute ihre Anziehungskraft bewahrt haben und unvermindert Besucher in das eichsfeldische Werraland locken. Die können dort jenseits aller Freudschen Psychoanalysen das heilende Aroma der Bodenständigkeit inhalieren und auf schonende Art und Weise ihre Wohlstandswehwehchen auskurieren. Einer, der diese Fülle von Sagen und Legenden ebenso verinnerlicht hat, wie ein Pfarrer die Liturgie, ist der von mir schon mehrfach erwähnte Heimathistoriker Josef Keppler.
Dieser pensionierte »Kanter«, wie man hier früher die Lehrer nannte, wurde Mitte der Sechziger in das beschauliche Stockmacherdörfchen Lindewerra versetzt. Längst als vollwertiges Gemeindemitglied akzeptiert, widmet er sich besonders seit seiner Pensionierung im selben Maße der Pflege heimatlichen Brauchtums, wie der Bewahrung fast vergessener Sitten, durchforstet auf der Suche nach geschichtlichen Wahrheiten verstaubte Archive und veröffentlicht

Stockmachermeister Wolfgang Geyer

lehrreiche und dennoch amüsante Abhandlungen über das Eichsfeld, die selbst von solchen Menschen gelesen werden, die Bücher eigentlich schon längst aus ihrem Alltag verbannt haben.
In der Hoffnung, diesem Heimatpfleger einige historische Schnurren entlocken zu können, hatte ich mich mit ihm an einem Sonntagvormittag verabredet. Ziel war der Berggasthof »Teufelskanzel«, der an gleichnamiger Sandsteinformation gelegen, einen grandiosen Blick auf das Tal der sich hufeisenförmig windenden Werra gewährt. Der Besuch dieser natürlichen Aussichtsplattform, die ihren Namen selbstredend auch einer Sage verdankt, gehört seit vielen Generationen ebenso zur Pflichtaufgabe eines jeden bekennenden Eichsfelders, wie die »Haddsch« (Pilgerreise) eines gläubigen Muslimen nach Mekka. Eine Exkursion, die dem Gros der Eichsfelder bis zur Wende 1989 leider über Jahre hinweg verwehrt blieb, denn Lindewerra lag bekanntermaßen so nah an der innerdeutschen Grenze, dass man einen Passierschein benötigte, um sich in diesem Gebiet bewegen zu dürfen. So blieb der unvergleichliche Ausblick ab 1971 nur den Grenztruppen der NVA vorbehalten, die das seit 1882 betriebene Ausflugslokal in Beschlag genommen hatten. Doch bevor wir uns auf den Weg zum einstigen Grenzblick begaben – Hessen liegt hier optisch so nah, dass mit einem Fernglas die Kennzeichen der Fahrzeuge lesbar sind, welche die gegenüberliegende B 27 befahren, besuchten wir den Stockmachermeister Wolfgang Geyer in Linde-

Wirtshaus Teufelskanzel – das Haus der 1000 Schilder

Teufelskanzel

werra. Dort wollte ich mir einen Gehstock kaufen, denn der Sechzigjährige ist nach meiner Kenntnis der letzte aktive Meister seines Fachs mit eigener Produktion in der einstigen Stockmacherhochburg. Kaum zu glauben, wenn man bedenkt, dass Anfang des 20. Jahrhunderts noch in jedem zweiten Haus des Ortes dieses Handwerk ausgeübt wurde. In den alten Warenausgangsbüchern kann man nachlesen, dass allein im Jahre 1914 zweieinhalb Millionen Spazierstöcke von Lindewerra aus ihren Weg in die ganze Welt antraten.
Heute, in einer Zeit, in der Spazierstöcke allenfalls zum Gaudi bei Herrentagsausflügen mitgeführt werden, sind solche Verkaufszahlen die reine Utopie. Für mich jedoch, der erst kürzlich seine medizinisch notwendigen Gehhilfen in die Ecke stellen konnte, ist der an diesem Sonntagvormittag erworbene schwarze Ebenholzstock mehr als nur ein modisches Accessoire, sondern eine elegante Zwischenlösung auf dem Weg zur vollständigen Bewegungsfreiheit.

Einweihen konnte ich meine Neuerwerbung an diesem Tage jedoch nicht, denn wir hatten uns in Anbetracht des regnerischen Wetters entschlossen, unser Tagesziel – entgegen der sonst üblichen Erwanderung – mit dem Auto anzusteuern. Was auch völlig problemlos gelang. Bis zu dem Augenblick jedenfalls, als kurz vor dem letzten Anstieg zur 452 Meter hohen Teufelskanzel die asphaltierte Straße ohne Vorwarnung in einen unbefestigten Waldweg überging. Der war so aufgeweicht, dass unser Auto von einer Sekunde zur anderen von einer Schlammschicht eingehüllt wurde, dass ich an jene Heilpackungen erinnert wurde, mit denen meine Physiotherapeutin seit mehreren Monaten versucht, meinen eingerosteten Bewegungsapparat wieder in die Gänge zu bringen.
Obwohl uns das Wetter an diesem Sonntag die kalte Schulter zeigte, war das Berggasthaus dermaßen be-

Wegweiser in Lindewerra

Saniertes Stockmacheranwesen am Hirtenrasen in Lindewerra

Gerd Mesikow beim Beheizen seines »Bullerjan«

völkert, dass ich gezwungen war, mehrere Minuten auf einen freien Tisch zu warten. Ein aus DDR-Zeiten wohlbekanntes Ritual, das mich aber entgegen früherer Gewohnheit keinesfalls störte, bot mir die Wartezeit doch die Möglichkeit, ungeniert das Innere des Gasthauses zu inspizieren. Was ich sah, war aus Stein und Holz gemeißelte pure Nostalgie!
Mitten drin, wie von einem Requisiteur drapiert, ein mit lodernden Buchenscheiten gefüllter gusseiserner »Bullerjahn« mit Glasfenster, der die Heimatfilmkulisse in anheimelnde Wärme tauchte. Außer einigen Schiefertafeln, auf denen ausschließlich Eichsfelder Spezialitäten angeboten werden, sowie zwei überdimensionierten uralten Köstritzer-Schwarzbier-Emaillereklamen sind die Wände erfreulicherweise von modischem Schnickschnack verschont geblieben. Was sie eindeutig der Weitsicht des Wirtes Gerd Mesikow zu verdanken haben, der schon im Sommer 1990 das fluchtartig von den Grenzern verlassene Haus pachtete, später dann von der Treuhand erwarb und es schließlich im Jahre 1998 baulich und optisch in jenen Zustand versetzte, dass das Herz eines jeden Hedwig-Courths-Mahler-Verehrers zu rasen beginnt. Zuvor hatten wir, angeführt vom Kanter Keppler, natürlich die obligatorische Begehung der Teufelskanzel absolviert; eine für den Grad meiner Gehbehinderung recht schwierige Aufgabe, die ich ohne Stock sicherlich nur schwerlich gemeistert hätte.
Den dabei redlich erworbenen Hunger stillten wir zuerst mit einer zünftigen Erbsensuppe mit Speck und anschließend mit knusprigen Bratkartoffeln, zu denen magere hausgeschlachtete Fleischsülze gereicht wurde. Ich selbst aß danach noch einen

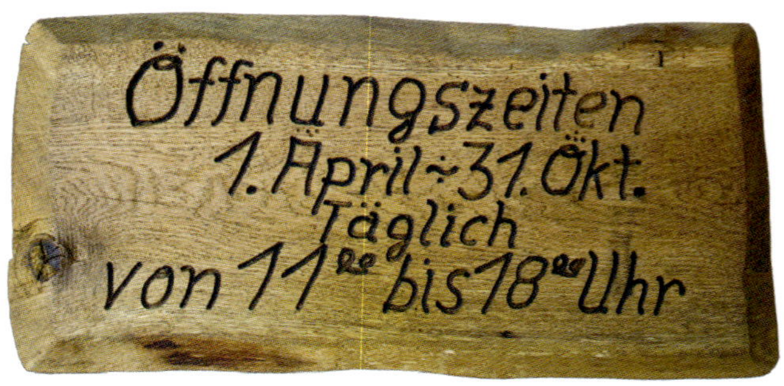

Josef Keppler aus Lindewerra, der mir viele Details zur Eichsfelder Geschichte vermittelte

Bewährtes Küchenteam: Maria und Manuela Mesikow

Die berühmte Teufelskanzel-Erbsensuppe

Hirschbraten, dessen Sauce selbstverständlich ebenso mit Schmand angereichert war, wie der mit gebratenen Putenstreifen angerichtete Salatteller »Teufelskanzel«, den sich meine Frau einverleibte.
Plötzlich, mitten im wohligen Schlemmen, ging das Licht aus und ein unsichtbarer Sprecher hub an, mit mystischer Stimme die Sage von der Entstehung der Teufelskanzel zu erzählen:
»Vor vielen, vielen Jahren in der Walpurgisnacht …« wetteten einige Hexen und Hexenmeister auf dem nahen Blocksberg im Harz mit dem Teufel, dass dieser nicht in der Lage sei, jenen gewaltigen Gesteinsbrocken, auf dem er kurz zuvor noch wie auf einer Kanzel überheblich und hasserfüllt gepredigt hatte, ohne abzusetzen auf den nahen Hohen Meißner zu tragen. Eine Aufgabe, die ihm gründlich misslang und erschöpft setzte er den Gesteinsbrocken auf dem Höheberg ab, dort, wo sich im Tal die Werra schlängelt.
Bis heute nennt man diesen verlassenen Felsbrocken Teufelskanzel.

BERGHÜTTE & WIRTSHAUS »TEUFELSKANZEL«

Familie Mesikow
37318 Gerbershausen
Telefon: 03 60 81 – 6 07 89
www.teufelskanzel.de

Panoramablick von der Teufelskanzel

Heiligenstadt an einem späten Sonntagvormittag im kalendarischen Frühling 2009. Außer zwei frierenden Hunden, die desinteressiert an den österlichen Schaufensterauslagen vorbei trabten, begegneten wir auf der städtischen Prachtmeile, der Wilhelmstraße, keiner Seele.

Ein Bund fürs Leben

26

Heilbad Heiligenstadt

Wieder einmal schien sich das Vorurteil, dass der Eichsfelder seinen Sonntagsbraten ausschließlich in den eigenen vier Wänden verzehrt, zu bestätigen. »Da können sich die Wirte auf den Kopf stellen und die Werbetrommel rühren, bis sie wunde Hände bekommen. Gegen solche genetisch verankerten Gewohnheiten sind sie wirklich machtlos«, murmelte ich vor mich hin. Erntete denn auch für mein Nuscheln prompt die fragenden Blicke meiner Frau, legte meine Gedankengänge aber nicht offen, was mich nur kurze Zeit später vor einer Riesenblamage bewahren sollte.

Angesichts der mittäglichen Tristesse beschleunigten wir, zusätzlich durch den Wunsch nach einem warmen Plätzchen angetrieben, unsere Schritte in Richtung »Norddeutscher Bund« – ein Hotel, über das ich schon vor sechs Jahren berichtete und das ich wegen seiner Kombination aus Behaglichkeit und aufmerksamem jugendlichen Service im ersten Band meiner »Thüringer Streifzüge« lobte.

Eigentlich vermeide ich nach solch langen Zeiträumen die nochmalige Einkehr und Begutachtung solcher Häuser, denn nicht selten unterliegen sie – selbst im konservativ-biederen Eichsfeld – einem gewissen Verschleiß und die Betreiber lassen es auf Kosten ihres einmal errungenen Ruhmes oft ein wenig ruhiger angehen. In solchen Fällen erhalte ich dann regelmäßig Post von Lesern, die mich auf etwaige Missstände ansprechen und von mir erwarten, dass ich mit meiner satirischen Feder für »Ordnung« sorge. Eine Verrichtung, die mir aber so gar nicht schmeckt, erinnert sie doch allzu stark an den erhobenen Zeigefinger eines verbitterten Sittenwächters, der seine Daseinsberechtigung ausschließlich darin sieht, die Welt in seinem Sinne zu verbessern.

Im »Falle« des »Norddeutschen Bundes« indes geschah etwas völlig Gegenteiliges, denn zahlreiche Leser berichteten gleichlautend, dass die Kaufholds, die das Hotel kurz nach der Wende als blutjunge Anfänger übernommen und restauriert hatten, nach »... neun Jahren nicht nur erneut umbauten, sondern auch die Speisekarte völlig umgekrempelt haben.« In einer Region, in der man in Jahrzehnten denkt, plant und handelt ein wahrer Schweinsgalopp.
Alles in allem gute Gründe für einen erneuten Test. Eine Entscheidung, die außerdem stark von meinen Geschmacksnerven beeinflusst wurde, denn neben der Erinnerung an den fachlich und menschlich wohltuenden Chorgeist sämtlicher Mitarbeiter hat sich während des ersten Besuches auch der unvergleichliche Geschmack an eine traumhaft knusprig gegrillte Eichsfelder Flugente bei mir eingeprägt.
Als wir am »Norddeutschen Bund« eintrafen, fiel uns sofort auf, dass dort im Moment die dem Hotel vorgelagerte Sommerterrasse mit einer Pergola abgetrennt wird. Obwohl eisige Temperaturen eigentlich die Phantasie lähmen, weckte das frisch gehobelte, duftende Lärchenholz Assoziationen an lauschige Sommernächte unter »Je-länger-je-lieber-Ranken«, kühles Köstritzer Schwarzbier und den unwiderstehlichen Duft von holzkohlegegrillten Thüringer Rostbratwürsten.

Lounge im »Norddeutschen Bund«

Auf diese Angebote will Wirt Stephen im Sommer im neu geschaffenen, vom hektischen Treiben der nur wenige Meter vorbeiführenden Hauptstraße abgeschotteten Freiluft-Refugium nämlich verstärkt setzen. Das hatte jedenfalls die Vorhut der anonymen Tester aus seinem Munde wenige Tage zuvor erfahren. Die bestätigten auch, dass die Restauration mit dem ungewöhnlichen Namen von den Kaufholds in den letzten Monaten ein funkelnagelneues Outfit verpasst bekommen hat. Besonders mein trotz seines fortgeschrittenen Alters noch immer recht progressiver Obertester Siggi schwärmte von gelb-weiß gestreifter Distinguiertheit, hell gebeiztem Edelholzfurnier in Kombination mit hypermodernen Deckenflutern und avantgardistischen Ölbildern.
Was mich in Erinnerung an die vorher im Restaurant vorherrschende auf der Farbe »Grün« basierende Gemütlichkeit befürchten ließ, im Hotel mit dem patriotischen Namen zukünftig nur noch einer Klientel zu begegnen, die ihre in Mokkatässchen servierten Consommé mit kleinen abgespreizten Fingern schlürft. Eine Befürchtung, die sich wenige Augenblicke später als unbegründet erwies, denn das erste, was ich mir – sozusagen als Grogersatz – bestellte, war eines jener kräftigen klaren Ochsenschwanzsüppchen, dessen mildes Madeiraaroma mich schon

Im Saal ist festlich eingedeckt ...

vor Jahren begeisterte. Und das wird hier erfreulicherweise noch immer in Suppentellern kredenzt. Eine Qualität, die kein Zufall ist, wie uns der Herr des Herdes später aufklärte, denn er bezieht seine Ochsen, aus dessen Schwänzen er diese Delikatesse zubereitet, noch immer von demselben privaten Züchter, mit dem schon sein Vater seit Jahrzehnten gute Erfahrungen gemacht hat.
Auch sonst schien sich nach dem ersten flüchtigen Studium der Speisenkarte im Angebot kaum etwas

verändert zu haben und selbst die von mir anfänglich kritisch beäugte gelbe Streifigkeit verwandelte sich schon bei der reichhaltigen Auswahl von regionalen und internationalen Hors-d'œuvre, Bouillons und Appetizern zusehends zur Wohlfühlkulisse. Doch der eigentliche Glanzpunkt der Offerten sind für mich eindeutig die Hauptgerichte. Auf welch hohem Niveau er jedoch mittlerweile seine einfallsreichen Interpretationen der regionalen Küche zubereitet, ist eigentlich erstaunlich, denn der gelernte Fleischer Stephen Kaufhold hatte durch den schnellen Einstieg in die Selbstständigkeit nie die Möglichkeit, seinen Geschmack an fremden Herden zu schulen.

Die Ruhe täuscht – noch wartet die Bar auf Gäste ...

Selbst solche Delikatessen, wie die eingangs gelobte Eichsfelder Ente oder die klassischen Braten zeichnen sich durch eine dermaßen geschmacksintensiven Präsens aus, die allen Vergleichen mit internationalen Gourmettempeln spielend standhält. Ich selbst genoss, obwohl noch kein Ostern war, einen Lammbraten, der mich trotzdem in vorösterliche Friedfertigkeit versetzte.
Durch die Kälte beschleunigt, hatten wir das Lokal schon relativ früh aufgesucht. Zu diesem Zeitpunkt nur spärlich besetzt, schien es die These, dass Eichsfelder zu Hause speisen, zu bestätigen. Doch mit fortschreitender Zeit füllten sich die Räume der Restauration und ehe wir uns versahen, waren plötzlich sämtliche Tische besetzt und die in Erwartung tuschelnden Gäste verwandelten die Gasträume in einen Bienenstock. Womit sich weitere Spekulationen erübrigten. Nur der Tisch neben uns war noch frei. Auf den steuerte plötzlich ein hoch gewachsener älterer Herr zu und machte es sich mit jener Selbstverständlichkeit bequem, als befände er sich zu Hause. Die sofort herbeieilende Bedienung verstärkte noch diesen Eindruck und ließ vermuten, dass sie ihm als nächstes die Pantoffeln bringen würde. Was den Werbespruch der Kaufholds »Nicht daheim und doch zu Hause« eindrucksvoll bestätigte.
Als wir schon dachten, der Herr würde allein speisen, folgte in gebührendem Abstand eine etwas rundliche und schüchtern wirkende Dame, die sich fast ehrfürchtig vis-a-vis des so auffällig Umsorgten platzierte. Eine Verhaltensweise, die förmlich dazu zwang, mich zu erkundigen, was für ein prominenter Gast da eigentlich hofiert wurde.
Zu diesem Zweck verabschiedete ich mich kurzfristig aus der Runde und begab mich kurzerhand in die Küche. Obwohl der Laden brummte und sich an der Annonce die Bons türmten, bewahrte der Küchenchef die Contenance und stand mir geduldig Rede

Noblesse im Kaminzimmer des »Norddeutschen Bundes«

Klassische Lammhaxe – eine Hausspezialität

und Antwort. Und während er akribisch wie ein Hauptbuchhalter die Bestellungen abarbeitete, erfuhr ich, dass es sich bei dem Gast um den pensionierten Heiligenstädter Altstadtpfarrer handelte, der hin und wieder sonntags seine Haushälterin zum Essen ausführt.
Der löffelte übrigens, als ich an den Tisch zurückkehrte, gerade eine »Hochzeitssuppe«. Und das, obwohl er sicherlich nicht heiraten will.

Hotel & Restaurant
»Norddeutscher Bund«

Familie Kaufhold
Göttinger Straße 25
37308 Heilbad Heiligenstadt
Telefon: 03606/55300
www.hotel-norddeutscher-bund.de

Die Krönung des Thüringer Essens: der Gänsebraten

Diesen Bericht verdanken Sie ausschließlich der Hartnäckigkeit meines neuen Duderstädter Bekannten Rainer, der mich bei jeder unserer Begegnungen damit löcherte, endlich das Brotmuseum in Ebergötzen aufzusuchen, wogegen ich mich vehement sträubte, denn Ebergötzen liegt – wenn auch nur knapp – außerhalb des Eichsfeldes und entzieht sich genau besehen somit meiner Testroute.

Der Mensch lebt nicht vom Brot allein

27

Ebergötzen

Rückblickend jedoch muss ich zugeben, dass sich die Beharrlichkeit des Duderstädters mehr als gelohnt hat, denn die Begegnung mit dem niedersächsischen Ebergötzen gehört zweifellos zu den nachhaltigsten Erlebnissen meiner derzeitigen Exkursionen.

Aus dem Blickwinkel von Historikern betrachtet, gehört die rund 20 Kilometer nördlich von Duderstadt gelegene Gemeinde Ebergötzen im Landkreis Göttingen eher in die Kategorie »Graue Mäuse«. Der vor rund 1000 Jahren erstmals erwähnte Ort fiel eigentlich nur auf, weil die Urkunde Heinrich II., in der seine Ersterwähnung dokumentiert ist, gefälscht wurde. Trotz seiner geschichtlichen Bedeutungslosigkeit stimmte Ebergötzen nicht in den Chor jener Gemeinden am Rande des Eichsfelds ein, die besonders seit der innerdeutschen Teilung unter dem Deckmäntelchen der unfreiwilligen Isolierung auf der Chaiselongue der Untätigkeit den Zug der Zeit verpennt haben. Nein, das in die Jahre gekommene Ebergötzen lebt intensiver denn je und dies seit dem Zeitpunkt, als man vor rund fünfunddreißig Jahren begann, seine vordergründig unscheinbare Geschichte zu vermarkten. Zu einem Zeitpunkt also, wo hier oben der Hund zu erfrieren schien, richteten engagierte Heimatfreunde im Gedächtnis an den

Steffi Oschin empfiehlt: täglich ein Stück Kuchen

Dichter und Zeichner Wilhelm Busch ein Museum ein, das schon bald weit über die Landesgrenze von sich Reden machte. Sie bauten dafür eben jene Mühle aus, in der Meister Busch während seines Aufenthaltes als Schulkind im Haushalt seines Onkels, des Pfarrers Georg Klein, zwischen 1841 und 1845 gemeinsam mit seinem Freund, dem Müllerssohn Erich Bachmann, so manchen Schabernack ausgeheckt hatte. Streiche, die der Literat später in seiner Moritat von »Max und Moritz« verewigte. Eine Bildergeschichte, die bis heute zu den Meisterwerken der deutschen Literatur zählt und als einer der Wegbereiter der modernen Comics angesehen wird. Mit der Eröffnung dieser Busch'schen Weihestätte setzte in den folgenden Jahren eine touristische Belebung ein, von der nicht nur das Fremdenverkehrsgewerbe profitierte, sondern darüber hinaus auch die Sinne der Ebergötzer Bürger für ihre anfänglich unterschätzte Geschichte schärfte. Das hatte zur Folge, dass sie auch ein Gefühl für Feinheiten des Lebens wiederfanden, das seit Generationen unter der Last des harten Alltags verschüttet war. Plötzlich putzten sie ihr Gemeinwesen dermaßen stil- und liebevoll heraus, dass Gäste nicht nur die Busch-Mühle aufsuchten, sondern auch wegen des wohlgestalteten dörflichen Ensembles anreisten.

Dieser harmonische Konsens aus historischem Ambiente und Busch-Verehrung zeichnete auch maßgeblich dafür verantwortlich, dass Anfang 2000 das Europäische Brotmuseum aus dem nahen Mollenfelde auf das Gelände des ehemaligen Forstamtes nach Ebergötzen übersiedelte. Untergebracht in einem Spätbarockbau ist dieses Museum von einem wie in die Landschaft gegossenen uralten Park umgeben, der allein das Kommen wert ist. Botanische Raritäten, wie eine dreißig Meter hohe Blutbuche, eine stattliche amerikanische Scheinzypresse, die höchste Schwarznuss nördlich der Alpen, aber auch eine Allee landschaftstypischer Kopflinden laden hier zum Lustwandeln ein. So wird im wahrsten Sinne der Weg zu den in diesem Park integrierten Stationen der 6000 Jahre alten Geschichte des Brotes zum Ziel. Dort regen eine funktionstüchtige Wasser- und Bockwindmühle, ein Getreidegarten mit in Vergessenheit geratenen Getreidesorten und diverse historische Backstätten besonders die Phantasie unserer Jugend an. Denn hier kann jeder sein eigenes Brot backen und wird auf einer wunderbar duftenden Zeitreise in eine Epoche entführt, in welcher die Menschen ihr Brot noch sorgfältig herstellten, bar jeder Chemie. So bilden die Wilhelm-Busch-Mühle,

das Brotmuseum und die intakte dörfliche Ebergötzener Idylle eine dermaßen vom Geist der Geschichte durchdrungene Einheit, dass Ebergötzen seit einigen Jahren mit dem selbstverliehenen Titel »Museumsdorf« eine jährlich immer zahlreicher werdende Fangemeinde anlockt. Was besonders auf dem Museumsgelände förmlich nach Gastronomie schrie, die diesen hohen Anspruch ergänzt.

Diesen Part hat seit 2002 der im hessischen Landkreis Eschwege geborene Bäckermeister Heiko Rees übernommen, der neben einer anfänglich vom Museumsverein gegründeten historischen Backstätte aus dem 19. Jahrhundert in einer umgebauten Remise, die er »Backstübl« nennt, eine moderne und leistungsfähige Bäckerei errichtete, die inzwischen nicht nur den Appetit der Besucher auf Brot oder Kaffee und

Heiko Rees und Hannelore Göttinger bei der Vorbereitung des nächsten Napfkuchens

Kuchen stillt, sondern – sicherlich ein wenig zum Verdruss der ortsansässigen Bäckereien – mit seiner Qualität auch manchen Alteingessenen zum »Fremdgehen« verleitet. Doch der Bäcker beschränkt sich in seinem »Backstübl« nicht nur auf eine reiche Auswahl von Backwaren, sondern offeriert getreu dem Spruch »Der Mensch lebt nicht vom Brot allein« seinen Gästen auch Handfestes. An dieser Stelle übermannte mich nämlich die eigentliche Überraschung. Mit der unerwarteten Heftigkeit eines gemeinen Straßenräubers überfiel mich in der vermeintlich biederen Provinz eine Art der Gastronomie, wie ich sie bisher nicht kannte. Ich war immer der festen Meinung, dass Gaststätten, die sich auf die Versorgung

von Massen eingerichtet haben, nur mit Tetrapack, Tütensuppen und Fastfood überleben können. Mit Essen also, das seine Spuren anhand von Sodbrennen, Magendrücken und Aufstoßen hinterlässt.
Bis mir in Ebergötzen plötzlich ein ganz normaler Bäckermeister das Gegenteil bewies. Der stellt sein Speiseangebot auf seine hessischen Fundamente – »Schnitzel mit Champignons à la Crème« (9,80 Euro), komplettiert sie mit der Eigenwilligkeit seiner niedersächsischen Wahlheimat – »Vesperplatte mit Mettwurst« (5,60 Euro), würzt das Ganze mit Eichsfelder Deftigkeit – »Eichsfelder Schmandschnitzel mit Bratkartoffeln« (9,80 Euro) und ergänzt sein nationales Konglomerat mit Schweizer Standards »Schweizer Essen suggerieren Vertrauen« – also mit »Bernersennen-Steak mit Rösti« (10,90 Euro). Mutig wie Oskar vermengt er das Ganze sogar mit mediterranem Esprit – »Florentiner Putensteak« (8,90 Euro). Damit zieht er wie der Zauberer ein Karnickel aus dem Zylinder, das für Überraschung sorgt.
Hier ist also einer am Werk, der – wie der mutige Müllersohn im Märchen – völlig neue Wege geht und sein eigenes Glück sucht.
Sicherlich anfänglich zu Lasten der Habenseite seiner Bilanzen, doch wer einmal wie ich sein aus frischen Schweinelachsen geschnittenes, für 4 Personen ausgelegtes XXL-1000-Gramm-Schnitzel (23,50 Euro) oder sein »Holzfällersteak« (9,20 Euro) gekostet hat, kommt gern wieder und sorgt dafür, dass der Bäcker mittlerweile schwarze Zahlen schreiben kann.
Außerdem wartet im »Backstübl« ein Service auf den Gast, der, angeführt von der zielstrebig-liebenswürdigen und verschmitzt-gewinnorientierten Stefanie, keine gastronomischen Wünsche unerfüllt lässt.
Aber noch nicht genug der Überraschungen, informiert uns der Bäckermeister über die neue Speisekarte, mit der er seiner zahlreichen Kundschaft aus dem nahen Thüringen Rechnung trägt. Zukünftig bietet er Soljanka, Würzfleisch und täglich frische »Honnibrötchen« an. Spitz und fest und ohne Triebmittel gebacken.
Nur teurer als 5 Pfennige werden sie sein. Selbst in Ebergötzen hat die Nostalgie halt ihren Preis.

Café »Backstübl«
Europäisches Brotmuseum

Göttinger Straße 7c
37136 Ebergötzen
Telefon: 0 55 07–97 98 96
www.brotmuseum.de

Aage Engel, Steffi Oschin und Koch Tobias Engel wissen genau: Zugpferd unseres Unternehmens ist der Chef!

Cyriakus Rübenapf war der Sprössling eines biederen eichsfeldischen Handelsmannes, der gegen Ende des 19. Jahrhunderts mit dem Reff auf dem Rücken die Welt durchzog und es mit dem Handel von Tuchen zu beträchtlichem Wohlstand gebracht hatte. Irgendwann jedoch übermannte ihn der Wunsch nach Sesshaftigkeit und er ließ sich in Berlin nieder. Dort eröffnete er im Keller seines windschiefen Häuschens eine Schnapsbudike, die den herzerwärmenden Namen »Zur Götterdämmerung« trug. Da auch über dieser Unternehmung scheinbar alle Eichsfelder Schutzheiligen behütend die Hand hielten, war er schon bald finanziell in der Lage, das gesamte ringsherum liegende Areal zu erwerben, um dort einen luxuriösen Kaffee- und Restaurationsbetrieb zu errichten – das Gasthaus »Zum Goldenen Affen«.

Wie die Erinnerung den Karl zwang, einen Jugendtraum zu verwirklichen

28

Heilbad Heiligenstadt

Doch ehe er seinen Wohlstand so richtig auskosten konnte, forderte ihn der Herr zur letzten Wanderschaft auf. Sein stattlicher Besitz fiel in den Schoß von Filius Erasmus.

Dieser brave Taugenutz verfiel, sicherlich auch begünstigt durch die florierenden Geschäftsgänge, im Laufe der Jahre dem Laster der körperlichen Lethargie, wovon vor allem sein fettleibiger, von allerlei Zipperlein geplagter Korpus Zeugnis ablegte.

Deshalb riet ihm sein Hausarzt, den es einst ebenso wie seinen Vater aus dem armen Eichsfeld in die Hauptstadt verschlagen hatte, dringend zu einer mehrmonatigen Auszeit. Eine Verordnung, die ihn schließlich an die Wurzeln seiner Herkunft führte – zur Sommerfrische ins Eichsfeld und dort in das 1854 erbaute Heiligenstädter Forsthaus.

Früher ...

Wer mehr über die Erlebnisse des Erasmus Rübenapf erfahren möchte, sollte sich in eben jenes Forsthaus begeben, welches dem hauptstädtischen Kurgast für einige Monate als Quartier diente. Hier kann man diese heiter geschriebene Posse als Faksimile käuflich erwerben oder von Annemarie Kellner als freundliches Gastgeschenk verehrt bekommen, wenn man eine etwas größere Feier bestellt.

Dazu besitzt sie alles Recht der Welt, denn dieser Nachdruck eines Romans aus dem frühen 20. Jahrhundert ist nicht einfach nur ein nettes Mitbringsel von einem x-beliebigen Wirtshausausflug, sondern krönt die Bemühungen eines jahrelangen familiären Parforceritts, an dessen Ende die Rettung eines Gasthauses stand, das die Heiligenstädter seit Generationen als »Heiligen Gral« der Waldhausgastronomie verehren.

Eine Erfolgsstory, an der Annemaries Ehemann Karl maßgeblichen Anteil hat. Diesem vom Virus der Rastlosigkeit befallenen Heiligenstädter, mit dem die Wirtin seit 33 Jahren verheiratet ist, verdankt das Forsthaus seine eigentliche Wiedergeburt.

Obwohl Karl als erfolgreicher Unternehmer in der Recyclingbranche eigentlich alle Hände voll zu tun hätte, erfüllte er sich mit dem Kauf, dem Umbau und der Neueröffnung des Heiligenstädter Forsthauses im

Mai 2006 den lang gehegten Traum, den Eichsfeldern nicht nur als Entsorger ihres Verpackungsmülls, sondern auch als Wirt zu dienen. Er ließ sich auch nicht von befreundeten langjährigen Wirten ins Bockshorn jagen, als diese seiner geplanten gastronomischen Laufbahn lange vor der Realisation ein Requiem sangen.
»Solange Du noch pfeifen kannst, ist der Strick noch nicht zugezogen«, beruhigt er solche Berufsresignierten und zieht alle Register volksweisheitlicher Sinnsprüche. Und von denen hat der Karl einige auf Lager. Doch seine Schwärmerei für die Gastronomie hat eigentlich einen recht handfesten Hintergrund. Alles keine ernsten Zwischenfälle zu Ohren gekommen.) Doch das Leben sah für ihn eine andere Rolle vor – er wurde Chef des VEB SERO Leinefelde (für alle Nichtossis: Kombinat für Sekundär- und Rohstofferfassung) und entwickelte sich nach der Wende, wie er scherzhaft kolportiert, erfolgreich »vom Lumpensammler zum Gelben Sack«.
Sein Traum von gastronomischer Selbstbestätigung – eine Jugendträumerei – schien der Vergangenheit anzugehören, wenn ... ja, wenn da nicht die tägliche Vorbeifahrt am trostlosen Areal der ehemaligen Waldgaststätte »Forsthaus« im Heiligenstädter Stadtwald gewesen wäre.

... und heute. Waldgaststätte »Forsthaus Kellner«

begann in frühester Jugend, als Karl zur Aufbesserung seines Taschengeldes an den Wochenenden als Kioskgehilfe auf der nahen Burg »Scharfenstein« Kekse und Bockwürste an den Mann brachte.
Unterwiesen von der Försterfrau Hein, unternahm Karl dort auch erste taugliche Gehversuche hinsichtlich der Massenverpflegung. Schaute der resoluten Köchin in die Kochtöpfe, lernte wie Kesselgulasch zubereitet wird, würzte nach ihrer Anweisung literweise Linsensuppe süß-sauer und veredelte den von Wochendausflüglern stets heiß begehrten Kartoffelsalat mit klein geschnittenen Gewürzgurken nach Spreewälder Art. Geschadet hat's niemanden. (Jedenfalls sind mir während meiner Recherchen

Diese mittlerweile seit 1993 von der Treuhand verwaltete Immobilie verfiel zusehends und war baulich in einem dermaßen desolaten Zustand, dass dem Karl in Erinnerung an die schönen Stunden seiner Kindheit und Jugend, die er hier verbrachte, die Tränen der Trauer in die Augen schossen.
Dachte an die sonntäglichen Pflichtausflüge mit seinem wanderfreudigen Vater, durchstand in Gedanken noch einmal die Magenkrämpfe, die ihn trotz der Warnung, er solle nicht Waldmeisterlimo und Schoko-Eis gleichzeitig zu sich zu nehmen, wie einen von der Seekrankheit befallenen Kreuzfahrttouristen schüttelten und ließ seine erste unerfüllte Begegnung mit der Liebe Revue passieren, als er sich Hals über

Kopf in eine blauäugige Landpomeranze verguckte. Eine Zuneigung, der von vornherein kein Happyend beschieden war, denn sie war neunzehn und der Karl war elf!
Doch zurück zur jüngsten Vergangenheit, zum trostlosen Forsthaus. Scheinbar von seinen Erinnerungen gezwungen, überzeugte Karl sogar seine bis dato immer über den gastronomischen Elegien ihres Mannes stehende, stets rational denkende Hausfrau Annemarie von der Notwendigkeit eines gemeinsamen aktiven Eingreifens in die Heimatgeschichte. Was folgte, würde in der Bibel etwa so lauten: »... und siehe, sie war voller Gottvertrauen. Karl, ich folge dir!«
Doch ganz so widerspruchslos wollte sie sich doch nicht geschlagen geben, und so rang sie ihrem damals noch tabaksüchtigen Karl im Gedenken an gelbe Tapeten und Gardinen die Zusage ab, dass die wiederaufgebaute Waldschenke, welche fortan natürlich »Forsthaus Kellner« heißen sollte, zur rauchfreien Zone erklärt wird. Womit sie in einer Zeit, als noch niemand daran dachte, das Rauchen in Restaurationen gesetzlich zu untersagen, mit großer Weitsicht handelte, ohne das berühmte Orakel von Delphie zu befragen.

Annemarie Kellner lockt ...

... Karl Kellner hat verstanden

Jetzt hatte Karl endgültig freie Bahn, das Forsthaus in jenen baulichen Zustand zu versetzen, dass sich hier wieder die Eichsfelder und andere Glaubensbrüder einfinden konnten.
Vereinte das unschuldig kindliche Weiß der Kommunion mit dem Maiengrün des Waldes und umrahmte das ganze mit warmen Rottönen der sprichwörtlichen eichsfeldischen Geborgenheit – fertig war die Laube der Nostalgie, natürlich das Forsthaus!
Sein Plan ging auf – die Gästen kamen, ließen sich widerspruchslos von Annemarie und Karl an die Hand nehmen und in eine Zeit entführen, die sie die »Gute alte Zeit« nennen, weil sie alles Schlechte längst aus ihrem Bewusstsein verdrängt haben. Denen tischt man im Forsthaus ein unverfälschtes Sortiment an regionalen Speisen auf, dem man anmerkt, dass trotz der Professionalität des Koches Thomas Bär einerseits, die Annemarie ihre hausfraulichen Tugenden auslebt, andererseits der Karl darauf besteht, ein gewisses Grundsortiment so preiswert anzubieten, dass selbst Wanderer mit bescheidenem Geldbeutel hier einkehren können.
Hat man beim Studium der Speisekarte erst einmal die vorangestellte sechsseitige Historie des Forsthauses »durchforstet«, stößt man neben »Forsthauspfanne« (11,95 Euro) und Forsthauskloß (9,95 Euro) sonntags auch auf eine stattliche Anzahl von überaus gün-

stigen Drei-Gänge-Menüs, vor allem auf Speisen, die nach »Hugos« Rezepten zubereitet werden.
Womit die Seiteneinsteiger – sicherlich nicht ohne Eigennutz – dem bis heute in Heiligenstadt wohnenden Hugo Gebhardt ein Denkmal setzten, der während seiner knapp zehnjährigen Ära vor allem mit seiner samtweichen »Schweineleber mit Zwiebeln« zum König des Heiligenstädter Stadtwaldes avancierte. Ein unvergleichlicher Genuss, dessen Geheimnis der Zubereitung das alte Schlitzohr unter

Verweis auf das Ableben seiner köchelnden Ehefrau Mia selbst nach flehentlichem Bitten und trotz Einladung zur Eröffnung nicht preisgab. So war es dem Zufall vorbehalten, dass Karl und Annemarie, nach zahlreichen Fehlversuchen und beleidigten Gästen, die natürlich auf der Originalzubereitung bestanden, hinter das Geheimnis der Leber kamen. Und ich muss zugeben: Wirklich pfiffig, das Rezept! Großes Ehrenwort: es ist bei mir in guten Händen – jedenfalls bis zum nächsten Kochbuch!

»Forsthaus Kellner«

Familie Kellner
37308 Heilbad Heiligenstadt
Forsthaus 1
Telefon: 0 36 06-60 98 50
www.forsthaus-kellner.de

Bärchen's Rinderrouladen

Das Forsthaus-Eisbein: oft kopiert – nie erreicht

»Polizist« Paul wacht Tag und Nacht

Die sagenumwobene Forsthausleber des Hugo Gebhardt

V. l. n. r.: Wirt Karl Kellner, daneben Gerd Hofmeyer, Stefan Baudach und Josef Fiedler: »Erstmal wird gevespert – gejagt ist dann schnell!«

Das Kreuz allein wär nicht so schwer,
Wenn nur das böse Weib nicht wär!

Manchmal vergleiche ich die Gastronomie des Eichsfelds scherzhaft mit einer überdimensionalen Voliere, in der sich überwiegend Spatzen und Stare tummeln. Ab und zu singt ein Rotkehlchen; trillert ein Zaunkönig, trällert eine Lerche und gurren mausgraue Tauben. Mittendrin im diesem Käfig der scheinbaren Farblosigkeit mit dem Restaurant »St.-Georges« in Dieterode auf den ersten Blick nur ein einziger kunterbunter Papagei.

Gastronomische Voliere

29

Dieterode

Nicht, dass das Eichsfelder Fremdenverkehrsgewerbe ohne Spatzen, Stare oder Tauben auskommen könnte. Im Gegenteil! Immerhin garantieren doch gerade diese unauffälligen Vertreter ihrer Gattung mit ihrem redlichen Fleiß und ihrem unverdrossenem, wenn auch manchmal etwas blassen Bekenntnis zur heimatlichen Küche, dass der Fast-Food-Schädlingsbefall in ihrem Revier nicht überhand nimmt.
Doch, wenn Sie ehrlich sind: So richtig vergnüglich wird der Besuch eines Vogelparks erst, wenn die farbenprächtigen Aras oder Kakadus ihre Kunststückchen zur Aufführung bringen.
Was aber um alles in der Welt bewog einen solchen Exoten, sein Nest ausgerechnet im biederen eichsfeldischen Dörfchen Dieterode zu bauen? Ein abseits gelegenes Hundert-Seelen-Örtchen, dass als bedeutendste geschichtliche Errungenschaft auf den 1914 vollendeten Bau eines Bahnhofes an der Bahnlinie Heiligenstadt-Schwebda verweist; dem man obendrein 1947 im Zuge der innerdeutschen Grenzsicherung die Schienen stahl!
Eine Frage, die eindeutig beantwortet werden kann: es war die unbeirrbare Realisierung des Jugendtraumes des Werner Freund!
Der ist eigentlich promovierter Historiker und Diplomgeograf und hat sich in den letzten beiden Jahrzehnten einen ausgezeichneten Ruf als Restaurator von historischen Gemäuern gemacht. Ein Dienst an der Geschichte, der Einfühlungsvermögen und Verständnis für Gebrechlichkeit voraussetzt. Eigenschaften, die dem in Dieterode aufgewachsenen »Freund« als Betroffenen eigentlich abgehen müssten, denn der Mittfünfziger spürte die Tücken morschen Fachwerks am eigenen 1982 erworbenen Häuschen. Erlebte hautnah mit, wie sein über dreihundert Jahre altes Quartier zu DDR-Zeiten, als es

Restaurant
St. Georg*

»Le docteur« bei der Arbeit ...

allerorten an Baustoffen mangelte, hilflos unter den Witterungsunbilden wie ein Hund unter Flöhen litt. Sorgen, die nicht nur ihn drückten, sondern auch die anderen Eichsfelder Hausbesitzer, deren Gebäude jedoch oftmals trotz allen Mangels immer ein wenig mehr in Schuss waren, als jene der Thüringer Flachländler. Doch just in dem Moment, als die Marktwirtschaft in anderen Regionen der Neuen Länder dazu führte, dass man seinen Frust mit Abriss und Neubau abreagierte, besannen sich die Einwohner des Eichsfeldes scheinbar der biblischen Geschichte von Jesus und Lazarus und päppelten ihre gebrechlichen Wohnstätten mit der Geduld von Krankenschwestern auf.

Auch Werner Freund machte da keine Ausnahme und nachdem er schon bald nach der friedlichen Revolution von einem über Ungarn führenden vorwendlichen Ausflug nach Frankfurt am Main in die Heimat zurückgekehrt war, setzte er die Mitte der Achtziger begonnene Restaurierung an seinem Häuschen mit einer Hingabe fort, die selbst einer Florence Nightingal zur Ehre gereicht hätte.

Was ihm auch beruflich zu Gute kam und schon bald zahlte sich sein Ruf als einfühlsamer »Gebäudeflüsterer« auch in klingender Münze aus.

Während ähnlich Erfolgreiche ehemalige Ossis plötzlich damit begannen, Golf zu spielen oder sich Kraft ihrer Kohle in den Jetset einzuschleichen, besann sich Werner Freund auf seine zweite große Leidenschaft: die Liebe zu gutem Essen. Eine Neigung, die besonders von seiner Mutter früh erkannt und gefördert wurde. Und das schon von Kindesbeinen an, denn als sie wenige Jahre nach ihrer Kochlehre auf Schloss Bischofstein in Lengefeld/u. Stein, den Haushalt ihres Schwagers übernahm, verfrachtete sie den Knaben Werner oftmals nicht in den Kindergarten, sondern stellte ihn an den Herd.

»Mit sechs Jahren wusste ich schon, wie Rinderzunge in Madeira-Sauce zubereitet wird«, schwelgt er in Erinnerung. »Damals gehörte im Gegensatz zur heutigen Zeit dieser Klassiker der deutschen Küche auch auf dem Eichsfeld noch zum ständigen Repertoire.«

Und während Dr. Werner Freund solche und ähnliche Anekdoten zum Besten gibt, süffelt er genießerisch an einem Gläschen französischen Rotwein, denn als bekennender Frankophile, kommen selten andere Weine über seine Lippen, als Burgunder oder Bordeaux. Eine Vorliebe, die selbst beim Messwein keine Ausnahmen zulässt und so empfiehlt er den Pfarren statt herben »Pinot Noir« einen in den Ausläufern der Pyrenäen angebauten »Jurançon«. Weil einst der Herzog von Vendome während der Taufe ein paar Tropfen dieses süffigen Weines auf die Lippen seines Sohnes, den späteren Heinrich IV., träufelte, wird dieser edle Stoff auch ehrfurchtsvoll »Wein

der Könige« genannt. Doch zurück zum bescheidenen Adel der Eichsfelder Gastronomen – zu Werner Freund!
Der nutzte seine neu gewonnene wirtschaftliche Freiheit, um an die Quellen der französischen Küche zu pilgern. Unternahm Wallfahrten in die Bretagne, die Provence und in das Elsass, um dort an der Wiege des reinen Essens demütig um Absolution für alle jemals von ihm hastig verschlungenen Convenience und Tütensuppen zu bitten.
Derartig geläutert, reifte schließlich in ihm der Entschluss, zukünftig »zwei Herren« dienen zu wollen: der historischen Architektur und der hohen Kunst der Speisenzubereitung! Wofür er eigens im nahen Heiligenstadt mit der »Tannenburg« einen geschichtsträchtigen Teil der ehemaligen Wehranlage zum Gourmetrestaurant ausbaute.
Leider unterschätzte er den Widerwillen der Heiligenstädter gegen jegliche fremdländischen Delikatessen und so war er monatelang sein bester Gast – aß wochentags übrig gebliebene provenzialische Fischeintöpfe oder Marseiller Bouillabaisse; erbarmte sich riesigen Entrecotes und Chateaubriands; ja, bestrich aus lauter Verzweiflung über schleppende Geschäftsgänge seine selbst gebackenen Brotknüstchen statt mit Eichsfelder Leberwurscht mit »Terine de fois gras« (Gänsestopfleberterrine). Gut, dass wenigstens sein zweites Standbein nicht auch noch zu lahmen begann.
Resigniert und in seiner Ehre gekränkt warf der französische Kochakrobat das Handtuch und verlagerte seine Restauration kurzer Hand in sein trautes Heim nach Dieterode. »So spare ich wenigstens das Fahrgeld«, kommentierte er damals bissig. Kämpfte gegen die Erfolglosigkeit, wie einst der heilige Georg gegen die Drachen und benannte sein Restaurant vielleicht nicht ganz ohne Hintergedanken »St. Georges«.
Ging dabei aber scheinbar erneut ein unkalkulierbares Risiko ein, besitzt er doch mit dem ortsansässigen Gasthaus »Zur Schönen Aussicht« noch heute einen ernsthaften Mitbewerber um die Gunst der Gäste. Nicht nur, dass die dort angebotenen traditi-

Restaurant »St. Georges«

Werner Freund
Dorfstraße 16 a
37318 Dieterode
Telefon 03 60 82-4 21 28
www.st-georges-online.de
Unbedingt vorbestellen!

GITES DE FRANCE
CHAMBRES
DISPONIBLES

Clementinensoufflé mit Brocciu

onsverbundenen Speisen ausgezeichnet sind, locken auch die dort stets frisch gebackenen Waffeln und eine ausgezeichnete »Feuerwehrtorte« zur Einkehr. Doch allen Unkenrufen zum Trotz, zog seine von Gewürzen und frischen Kräutern geprägte Küche nach und nach immer mehr Freunde Lukull's in das einsame Dieterode. Genießen dort seine über Buchenholz gebackenen Tartes, seine zarten Lammbraten oder seine »Cog au Vins«, die er nach wie vor in gutem französischen trockenen Rotwein ertränkt. Erinnern Sie sich: die eigentliche Attraktion sind die Kunststückchen der Exoten. Und die beherrscht Werner Freund nun mal meisterhaft.
Auch, wenn seine Öffnungszeiten – Freitag bis Sonntag 17:00–24:00 Uhr – die Vermutung aufkommen lassen, Werner Freund genieße das Leben eines Boheme, muss man ihm doch preußische Akribie bescheinigen; nutzt er doch seine freien Tage vor allem für die Beschaffung der für seine Liebhaberküche notwendigen Zutaten. Besorgungen, die ihn nicht selten auch nach Frankreich führen, wo sich der Koch wie ein Kaiser verwöhnen lässt.

P.S.: Das »St. Georges« in Dieterode gehört seit Jahren zum festen Anlaufpunkt, wenn ich Fremden Thüringen vorstelle und so ist es natürlich nicht weiter verwunderlich, wenn dies nicht der erste Bericht über das eigenwillige Gasthaus ist.
Als kleines Dankeschön an den »docteur Freund« erlaube ich mir deshalb, Ihnen sozusagen als Anhang weitere Informationen aus meinem vor sechs Jahren erschienen allerersten Bericht zu vermitteln.

Wohlwollende Kritikerin: Enkeltochter Mia-Karin

Knoblauch-Kresse Süppchen

Garbure-Terrine mit Wirsingkohl und Entenstopfleber

Zwischen Messwein und Tarté Flambé

30

Dieterode

Zwischen dem hessischen Eschwege und dem thüringischen Heilbad Heiligenstadt gelegen, strahlt die kleine Eichsfeldgemeinde Dieterode jene romantische Beschaulichkeit aus, die der Durchreisende als erholsam empfindet. Vielleicht, weil er hier nicht leben muss, denn der 100-Seelen-Ort liegt so abseits im sanften Mittelgebirge, dass sogar seine Einwohner liebevoll frotzeln, man befände sich hier am Ende der Welt. Die Bewohner des Thüringer Nordens waren von jeher ganz eng mit ihrer Heimat verwurzelt; hier ist die Verbundenheit zwischen Mensch und Natur so stark ausgeprägt, dass rückschauend nur schlimmste Hungers- oder Seelennöte den Ausschlag dafür gaben, dass Mitglieder der Gemeinde ihrem Geburtsort den Rücken kehrten und auswanderten.

Als kurz vor der Wende der hier geborene Werner Freund sich mit seiner Frau dazu durchrang, gemeinsam die damalige DDR illegal zu verlassen, müssen die Gründe dafür also sehr schwer gewogen haben. Nicht verwunderlich aber, dass schon bald nach dem Mauerfall der verlorene Sohn wieder in sein Heimatdörfchen zurückfand und solche Zeichen im Ort setzte, derentwegen sich an den Wochenenden immer mehr Menschen auf Pilgerfahrt ins schöne Eichsfeld begeben.

Werner Freund hat Geografie studiert und promoviert, weiß also, dass die Welt rund ist. Trotzdem scheint neben seiner unmittelbaren Heimat aber für ihn kein anderes Land auf der Weltkugel zu existieren als Frankreich. Man nennt diesen Zustand »frankophil«, was so viel bedeutet wie »verliebt in alles Französische«, und artete bei ihm in den Sechzigern unter den Klängen von Charles Aznavour, Reinhard Mey und der Lektüre von Bocuse-Kochbüchern zum chronischen Infekt aus, was nicht ganz ungefährlich ist, denn wie jede Infektion beeinflusst ein solcher Befall den Infizierten in solch hohem Grade, dass dieser seine Entscheidungen nicht mehr mit dem gesunden Menschenverstand, sondern vorwiegend mit dem Herzen fällt.

Eine solche Entscheidung aus »blinder« Liebe heraus war sicherlich der Kauf eines alten Fachwerk-

Ausblick in den Kräutergarten

hauses mitten im Ortskern, gleich neben der St.-Georg-Kirche, und die Idee, darin eine Heilanstalt zur Bekämpfung seiner Infektion einzurichten: ein französisches Spezialitätenrestaurant. Was für ein Ansinnen, denn der Terminkalender des selbstständigen Kunsthistorikers erlaubte seit Jahren keine freie Minute für irgendwelche Extravaganzen. Nein, eigentlich fehlte die Zeit für ein solches Projekt und die war neben Fachverstand und Geld unerlässlich. Außerdem hatte er mittlerweile seinen Hauptwohnsitz im hessischen Frankfurt genommen und auch seine Gattin Karin, die dort als Zahnärztin tätig ist, wird froh gewesen sein, wenn sie sich nach einem harten Arbeitstag ausruhen konnte.

Kurzes Fazit: Er baute sich sein Restaurant, flickte das alte Fachwerk und erhielt 1995 für seine einfühlsame Sanierung des Objektes den Thüringer Denkmalpreis; warb folgerichtig Personal an und eröffnete 1997 ein im Stil der Provence eingerichtetes Lokal. Zu Ehren der nebenstehenden Kirche und im Gedächtnis an seine jugendliche Messdienerschaft verabreichte er dem Restaurant den Namen »St. Georges«. Leider aber entwickelten seine köchelnden Gehilfen nicht dieselbe leidenschaftliche Liebe zur französischen Küche, wie diese ihn beherrschte, und obwohl er in jeder freien Minute anwesend war, versuchte er vergeblich das Personal auf sein Credo einzuschwören. Enttäuscht von so viel Ignoranz entschloss sich der Doktor schon bald dazu, sich an den Wochenenden nur noch selbst an den Herd zu stellen, denn schon während seines Studiums in Halle/Saale wurde er ständig dazu vergattert, bei allen Anlässen für seine Kommilitonen und Professoren zu kochen, und so trug er schon damals neben seinem Fachwissen auch respektable Erkenntnisse bei der Zubereitung schmackhafter, vor allem französischer Speisen, zusammen.

Von außen bestaunten wir die renaissancene Fachwerkfassade, um wenige Augenblicke später die Bühne der Augsburger Puppenkiste zu betreten. Durch eine gewollt offene Tür erhielten wir einen übersichtlichen Einblick auf eine altmodisch eingerichtete Küche, denn es fiel uns auf, dass jegliche maschinellen Hilfsmittel fehlten. Nur Lucas, der Lokomotivführer, beschickte mit frecher Gavroche-Mütze und schwarzer, rußresistenter Kochjacke einen großen schwarzen Feuerschlund mit buchenen

Hofwirtschaft

Scheiten, und ein aromatischer Schwall frisch gebackenen Teiges strich über unsere Gesichter und ehe wir uns versahen, lief uns schon die Spucke im Munde zusammen. Lucas war der Chef selbst, der sich bei unserem Anblick mit großem kariertem Tuch den Schweiß aus der Stirn wischte und aus der Küche heraus auf den letzten freien Tisch wies, den wir in kluger Voraussicht telefonisch (anonym) bestellt hatten, denn nur in den Sommermonaten, wenn auch die Galerie, die ums Haus zum Verweilen einlädt, geöffnet ist, können mehr als dreißig Gäste bewirtet werden.

Der Feuerschlund entpuppte sich als gewaltiger alter Kohle-Holz-Herd, wie er früher in jeder großbürgerlichen Küche bei der Zubereitung der Speisen und zur Erzeugung heißen Wassers in jedem besseren Haushalt gute Dienste leistete. Elektro- oder Gasöfen sucht man in der Küche vergebens.

Nur wenige Augenblicke später stand er an unserem Tisch und mit den Händen dazu illustrierend repetierte er die Tagesangebote und nahm unsere Bestellungen auf. Nannte dabei die französischen Namen der Speisen und half den Unerfahrenen mit der Übersetzung aus. So ohne Mütze mit weißer Leinenhose und schon erwähnter schwarzer Kochjacke mit großen glänzenden Schmuckknöpfen und versilberten Kragenspitzen verströmte er den Habitus eines wohlhabenden Freizeitkapitäns, der auf seiner Luxusjacht liebe Gäste bewirtet und dabei ein solches Vertrauen ausstrahlt, dass jeder sich blind darauf verlässt, dass inzwischen sein Boot nicht absäuft.

Essen bei Werner Freund ist aber auch reine Vertrauenssache und der Pedant oder Zweifler wird nie einen vollen Genuss erleben, denn es gibt keine Speisekarte, wobei die Preise zu erfragen sind, was natürlich niemand macht. Nur die phänomenale Weinkarte kann man einsehen und bemerkt erfreut, dass der Chef hauptamtlich einen Beruf ausübt, der ihn gut ernährt, denn das Angebot ist vom Preis her einfach umwerfend günstig.

Restaurant »St. Georges«

Werner Freund
Dorfstraße 16 a
37318 Dieterode
Telefon 03 60 82 – 4 21 28
Unbedingt vorbestellen!
www.st-georges-online.de

Wir bestellten zwei Viergang- und ein Dreigang-Überraschungsmenü. Man nennt das »Surprise« und wir haben es nicht bereut, unseren Appetit in die erfahrenen Hände des Küchenkapitäns gelegt zu haben, der ständig zwischen Herd und Gaststube pendelte, dabei aber nie das Gefühl der Hektik aufkommen ließ.

Es folgte ein Spaziergang durch die Gaumenfreuden der französischen Provinzen, den Werner Freund von Gang zu Gang erläuterte und als »entrée« mit einem knusprig-würzigen Tarté Flambé begann, einem im Holzofen gebackenen Elsässer Flammkuchen, dessen Duft uns schon beim Eingang umschmeichelte. Danach ein Steinpilzsüppchen und ungewohnt rustikale Salatteller, der uns mit solch ungewöhnlichen Rohstoffen verführte, dass wir annehmen mussten, dass der Chef bei seiner wöchentlichen Anreise in verwilderte Klostergärten eindringt, um dort die seltensten Pflanzen zu stibitzen. Das Lustwandeln auf kulinarischen Pfaden endete mit einer brillianten Käseauswahl; aber noch immer »surprise«, als krönende Überraschung, mit einem unnachahmlich gewürztem Schattenmorellenkuchen aufwartet, der in der Zwischenzeit traditionell an jedem Wochenende von der Zahnärztin Karin gebacken wird, die sich jetzt bedingungslos gemeinsam mit ihrem Ehemann beim Dienen am Gast erholt und dabei eine ähnliche Befriedigung erlebt wie der Laubenpieper in der Gartenanlage, der durch sein sinnvolles Hobby entspannt.

Viele Besuche folgten auch nach der Veröffentlichung unseres Berichtes. Unbedingt erwähnt werden müssen ein Schlachtfest auf Elsässer Art im März und seine unbändige naturnahe Sommerküche.

Dann geht der Käpt'n bei jedem Gang der Menüs in seinen Kräutergarten, schneidet einer heiligen Handlung gleich am rauschenden Bächlein die kräftige Kresse und ein Bouquet feinster Kräuter zum Salat.

Eines Freitagnachmittags im August jedoch helle Aufregung, denn der Chef hatte sich einen Hexenschuss zugezogen; lag nach schmerzhafter Behandlung auf dem Chaiselongue im 1. Stock und sah dem Regen zu, der seine Kräuter wusch.

Über Handy gab er Anweisungen an seine Perle Lioba Kistner, Eichsfelder Hausfrauenurgestein mit unbestechlichen Geschmacksnerven. Auch Kellnerin Silke hatte sich ohne zu murren eine Schürze umgebunden und schälte Zwiebeln. Die Händler aus den Nachbarorten lieferten Lebensmittel: frisch geerntete Salate, neue Kartoffeln, Eier und einige Kapaune. Alle mussten sich die enge Stiege emporschinden, um dem leidenden Patron ihre Ware zu zeigen.

Wünschen wir den »Freunden« Gesundheit, denn ohne ihr außergewöhnliches Engagement verlöre das Gasthaus seinen Charme – wäre Kneipe unter Kneipen.

Entenschenkelcrepinéttes

Canard à la orange – Ente mit Orangen

Petersilienwurzelsüppchen

La piére de faux – Falsches Filet mit schwarzem Pfeffer

In Frankreich bezeichnet man mit »Falschem Filet« das Mittelstück eines Roastbeefs

Im Gegensatz zu mancher Pilgerreise, die sich zu einer »Tour der Leiden« entwickeln kann, war meine Eichsfeld-Tour eindeutig zu einer erquickenden Tour Ausflug der Sinnesfreuden, auf der ich mich, abgesehen von einigen unerfreulichen Begegnungen mit der unappetitlichen Art, niemals quälen musste.

Auf dem Pfad handwerklicher Tugenden

31

Leinefelde · Worbis

So verging kaum ein Tag, an dem mich nicht ein grandioser Panoramablick überraschte oder mir eine der deftigen regionalen Spezialitäten eine bis dato völlig unbekannte Geschmacksnuance offenbarte.

Das eigentlich Faszinierende jedoch waren die Menschen, die mir vor allem in den ländlichen Gemeinden – entgegen pauschaler Warnhinweise aus dem flachen Land – mit einer erfrischenden Herzlichkeit begegneten, die in vielen Städten leider immer seltener anzutreffen ist. Nicht nur, dass sie mich, wie in einem meiner Berichte angedeutet, als potentiellen Taufpaten oder Trauzeugen handelten, sondern vor allem Hausfrauen und Köchinnen kümmerten sich um die regelmäßige Zufuhr kalorienreicher Leckerbissen. Verlockungen, die eigentlich förmlich nach einer Verlängerung meines Aufenthaltes in dieser Region schreien. Doch auch aus anderen Thüringer Kochtöpfen duftet es lecker und so ist es an der Zeit, auch dorthin meine Schritte zu lenken.

Mit ganz besonderer Freude denke ich an die zahlreichen Familienfeiern zurück, die für den Eichsfelder einen ähnlichen Stellenwert besitzen wie für den Katholiken die Konzile – nur in geringeren Zeitabständen. Denn während die Päpste ihre Schäflein bisher nur höchst selten zu diesen richtungweisenden, aber sicherlich auch kurzweiligen Kolloquien einluden, treffen sich die Bewohner des Eichsfelds so oft wie möglich. Selbst das geringste Ereignis nehmen sie zum Anlass kräftig zu feiern.

Wer jedoch daraus folgert, dass solche Zusammenkünfte ausschließlich der schnöden Befriedigung der Sinneslüste dienen, irrt gewaltig. Neben den festlich zelebrierten Hochzeiten, Taufen, Geburtstagen oder der Heimholung eines geliebten Familienmitgliedes durch den Herrn, werden solche Familientreffen auch dazu genutzt, um zu richten oder zu vergeben. Darüber hinaus – ähnlich wie bei den Konzilen – werden strategische Beschlüsse gefasst, welche die Gemeinschaft festigen sollen.

Und last but not least essen die Eichsfelder – ähnlich wie die Sioux, die zum Abschluss ihrer Verhandlungen das Kalumet rauchen – zur Bekräftigung ihrer innerfamiliären Beschlüsse Unmengen von Feldgiekern und Stracke. Das Beste aber heben sie sich für den Abschluss ihrer Festivitäten auf – Kaffee und Kuchen. Und das wird seit Generationen so gepflegt. Kurz vor dem Aufbruch wird Schmand- und Kirmeskuchen, Bienenstich, Buttercremtorte, Kalter Hund und Schneewittchenkuchen aufgefahren, um den Clan für die Wartezeit bis zum nächsten Wiedersehen zu stärken.

Eine deliziöse Sitte, bei der die geladenen Gäste ihre Gastgeber früher tatkräftig unterstützten. Ursprünglich aus der materiellen Not geboren, später, um ihr Zugehörigkeitsgefühl zum Ausdruck zu bringen, trafen sich die Frauen der dörflichen Gemeinschaft – irgendwie war ja jeder mit jedem verwandt – vor den festlichen Ereignissen am Dorfbackhaus. Und schon Tage vor der anstehenden Feierlichkeit versetzte

Für Freunde nur das Beste ...

Tobias und Günter Helbing

süßer Kuchenduft die Menschen in Vorfreude. Bedauerlicherweise fielen immer mehr Gemeindebacköfen dem Zahn der Zeit zum Opfer und notgedrungen übernahmen ortsansässige Bäcker diese Vorbereitungen. Natürlich backen auch heute noch zahlreiche Eichsfelder Hausfrauen was das Zeug hält. Besonders an den Wochenenden explodieren in den eichsfeldischen Wohnzimmern gewaltige Kalorienbomben.

Doch wachsende Belastungen im Beruf oder fehlendes technisches Know-how sowie vernachlässigte hausfrauliche Fertigkeiten zwingen auch immer mehr Eichsfelder ihren Kuchen zu kaufen, statt selbst zu backen. Und obwohl die Region, wie kaum eine zweite in Thüringen, noch immer von einem engmaschigen Netz hervorragender Bäckereien durchzogen ist, geschieht dies immer öfter in Supermärkten oder ähnlichen Verkaufseinrichtungen, in denen das breite Sortiment des täglichen Bedarfs angeboten wird. Vor allem kurz nach der Wende versuchten clevere altbundesdeutsche Backwarenhersteller, den Eichsfeldern in solchen Handelseinrichtungen mit aufgeplusterten Ballonbrötchen, faden Schnellschussbroten und magersüchtigen Diätkuchen das Geld aus der Tasche zu ziehen. Doch wie sich nur wenig später herausstellte, hatten die ihre Rechnung ohne die eingesessene Kundschaft gemacht. Das heißt, sie haben nicht mit der Treue der Eichsfelder zu ihrem ererbten Geschmack gerechnet, die lieber verzichteten, als vor der Industriebackware zu kapitulieren. Resigniert fuh-

ren die Instantbäcker gewaltige Verluste ein und räumten schließlich das Feld. So entstanden Lücken, die neu ausgefüllt werden mussten, diesmal jedoch von einheimischen Bäckern. Anfangs scheuten sich einige, denn einesteils fehlte es ihnen an Erfahrung mit der Großbäckerei, andererseits befürchteten sie ähnliche kaufmännische Misserfolge wie ihre westlichen Mitbewerber.

Doch ein paar Mutige wagten den Sprung ins kalte Wasser des gnadenlosen Wettbewerbs. Unter ihnen Günter Helbing, der dritte Spross einer seit 1912 aktiven Leinefelder Bäckerdynastie. Als ich ihm erst-

Bild oben: unsere Goldkinder – unten: unsere Goldkrüstchen

In Helbings »Backstube«: Maria und Luise tüfteln eine neue Rezeptur aus

malig begegnete, überzeugte er mich mit einer dermaßen tief verinnerlichten Melange aus handwerklicher Solidität, kaufmännischem Weitblick und begeisterungsfähiger Liebe zum Bäckerhandwerk, dass ich dachte, der hat als Kind niemals mit Teddys, sondern ausschließlich mit Lebkuchenmännchen gespielt. Eine Leidenschaft, die ihn schon zu DDR-Zeiten förmlich dazu zwang, die gewohnte Praxis seines Berufsstandes zu verändern, um neue Wege auszuloten. So begann er in den Siebziger Jahren in der beschaulichen Bäckerei in der Leinestraße neben Brot und Brötchen mit der Produktion eines Kuchensortiments für den »Delikat«-Handel. Immerhin belieferte er damit sechzig Verkaufsstellen! Bald aber platzte der einst von seinen Großeltern gegründete Betrieb aus allen Nähten und er zog in die Straße des Friedens um. Trotz aller Expansion war er stets bemüht, den mit Qualität und Verlässlichkeit gepflasterten Pfad handwerklicher Tugenden nie zu verlassen. Eine Maxime, die er seinem Sohn Tobias mit auf den Weg gab, als dieser in vierter Generation 1995 die Verantwortung für den Betrieb übernahm.

Mittlerweile produziert das auf Expansionskurs steuernde Familienunternehmen im Gewerbegebiet Leinefelde Nord, beschäftigt dort und in seinen siebzig Filialen im Dreiländereck Thüringen-Hessen-Niedersachsen derzeit rund 450 Mitarbeiter und hat längst den Rahmen einer Kleinstadtbäckerei gesprengt.

Als ich der Einladung Günter Helbings, der natürlich noch immer täglich im Betrieb herumwuselt, folgte, beschlich mich angesichts des futuristischen Erscheinungsbildes des Anwesens, dass mit seiner architektonischen Reinheit mehr einer Chipfabrik gleicht, als einem Unternehmen der Lebensmittelbranche, für Sekundenbruchteile das kalte Grauen. Dann jedoch erinnerte ich mich an das herzhafte Krustenbrot, welches meine Frau seit Jahren in der Erfurter Filiale des Bäckers »Am Anger« einkauft und von dem Tausende zufriedene Kunden behaupten: Er ist unser Lieblingsbäcker.

Als ich wenig später vor den riesigen Trögen von reifendem Natursauerteig stand und mich aus haushohen Steinöfen strömende Schwaden frischen Brotes einhüllten, beschlich mich dasselbe wohlige Gefühl wie als Kind, wenn ich auf dem Heimweg vom Brotkauf gierig am warmen Knüstchen knabberte: Ich war zu Hause.

Plötzlich war mir ohne Wenn und Aber bewusst: Irgendwo zwischen all den supersterilen Betonwänden schlägt das traditionsbewusste Bäckerherz des Albert Helbing, der vor knapp hundert Jahren damit begann, seine Leinefelder Nachbarschaft mit Brot, Brötchen und Kuchen zu verwöhnen.

Helbing – mein Lieblingsbäcker

Tobias & Günter Helbing
37327 Leinefelde – Worbis
Ernemannstraße 12
Telefon: 0 36 05 – 5 69 40
www.lieblingsbaecker.de

Immer wieder tangierte mein Weg während der Anfahrten ins Eichsfeld Thüringens Grenzen und ich begegnete sowohl in Hessen wie auch in Niedersachsen Menschen, Landschaften und Restaurationen, deren Geschichten so spannend sind, dass ich einige von ihnen vorstellen werde.

Von der Fruchtbarkeit der Randlage

32

Wanfried-Heldra

An den Anfang stelle ich einen Besuch im beschaulichen 500-Seelen-Dörfchen Heldra, einer erstmals im 9. Jahrhundert urkundlich erwähnten Gemeinde im landschaftlich reizvollen Werratal, der nicht nur beweist, wie eng verwoben die Geschichte der Thüringer und Hessen ist, sondern auch, wie sehr sich die Charakterzüge der Menschen an dieser Nahtstelle zweier deutscher Kulturländer doch gleichen. Eigentlich kein Wunder, schmiegt sich doch die Thüringer Grenze so eng an die Heldraer Gemarkung, dass selbst Ortskundige mittlerweile nicht immer ganz genau wissen, wo diese präzise verläuft.
Hier, wo noch vor zwei Jahrzehnten unmenschliche Stacheldrahtverhaue und Selbstschussanlagen für eindeutige hierarchische Zuordnung sorgten, wächst inzwischen endlich wieder zusammen, was historisch betrachtet eigentlich immer irgendwie zusammen gehörte. Außerdem hat Heldra eine gewisse Routine im Umgang mit der mal mehr oder weniger geliebten Nachbarschaft entwickelt. Erst als Aufmarschgebiet der Hunnen, Chatten und Hermanduren, später als Grenzland zwischen den Franken und Sachsen, schließlich im 19. Jahrhundert als Pufferzone zwischen dem Königreich Preußen und Kurhessen und nach dem Zweiten Weltkrieg nicht nur als innerdeutsche Demarkationslinie, sondern sogar als undurchdringlicher Teil des Eisernen Vorhangs.
Doch während weltweit an ähnlichen Reibungspunkten die Menschen in Depression oder Endzeitstimmung verfielen, besannen sich von jeher die Heldraer auf ihre Tugenden und begegneten allen Herausforderungen der Geschichte mit einer – fast bin ich geneigt zu sagen – staatsmännischen Gelassenheit, die leider vielen Politikern in der heutigen Zeit fehlt.
Im unscheinbaren Heldra wurde dazu ein humanistischer Nährboden geschaffen, aus dem Persönlichkeiten mit Weltgeltung entsprungen sind. So stammen beispielsweise die Ahnen des preußischen Offiziers Friedrich Wilhelm von Steuben (1730–1794) aus Heldra. Zu dessen Ehren wird in Anerkennung seiner Verdienste um die Reorganisation der Armee im Amerikanischen Befreiungskrieg noch heute alljährlich am dritten Samstag im September in New York eine Parade abgehalten. Doch selbst die Leistungen dieses militärischen Genies nehmen sich gegen die geisteswissenschaftliche Größe des zweiten Heldraer »Sprosses« aus, wie der Inselsberg gegen den Mont Blanc. Die Rede ist vom Theologen und Pädagogen August Herrmann Francke (1663–1727) – einer der Urväter des Pietismus, dessen Vorfahren ebenfalls in Heldra wohnten. Leider reicht der bescheidene Rahmen meiner Kolumne nicht aus, um die Vita dieses bedeutenden deutschen Reformers des Protestantismus, dessen Lebenswerk in seinen

(Frankeschen) Stiftungen in Halle bis in unsere heutige Zeit wirkt, auch nur ansatzweise zu würdigen.
Aber vielleicht sollte man ja bei einem Ausflug nach Heldra nicht nur den leiblichen Gelüsten frönen, sondern sein lückenhaftes Wissen um diese beiden Persönlichkeiten durch einen Besuch im Dorfmuseum auffrischen. Da dort erfahrungsgemäß nur mit einem spärlichen Besucherandrang zu rechnen ist, sollte man, um nicht vor verschlossener Tür zu stehen, sein Erscheinen bitte beim Dorfchronisten Hubert Steube (Telefon 0 56 55 – 82 59) avisieren.
Wie sorglos indes die Heldraer trotz kollektiver Achtung ihres Erbes mit der Fülle ihrer geschichtlichen Hinterlassenschaft umgangen sind, kann an der Tatsache festgemacht werden, dass sie die Erhaltung des Franckeschen Gutshofs – dessen Haupthaus übrigens nachweislich aus dem Jahre 1621 datiert – einem Ortsfremden zu verdanken haben. Eigentlich war das Anwesen längst zum Festschmaus für die Holzwürmer geworden. Die hatten sich die Lätzchen umgebunden und sahen in der maroden Bausubstanz – die in den letzten sechs Jahrzehnten vor dem Umbau langsam verrottete – nicht ein unwiederbringliches barockes Kulturerbe, sondern ein »gefundenes Fressen«.
Als sich jedoch der Wanfrieder Arzt Dr. Helmut Pippart gemeinsam mit seiner Ehefrau Sigrid im Jahre 1999 dazu entschloss, dem Franckeschen Hof wieder Leben einzuhauchen, konnten sie sich nicht nur auf das wohlwollende Einvernehmen der Heldraer Bürger verlassen, sondern auch auf deren praktischen Beistand.
Doch was bewog die beiden ehelich verbundenen Ärzte dazu, in einer Zeit, in der vereinigungsbegünstigte Investitionszulagen längst der Vergangenheit angehören, in ein marodes Mauerwerk zu investieren. Lag es allein an der familiären Vorbelastung des bekennenden Kreissägeträgers (modischer Strohhut aus den Zwanzigern des letzten Jahrhunderts) Pippart? Nein, das wäre sicherlich zu banal. Der Vollständigkeit halber sei hier erwähnt, dass Pipparts Großvater Wilhelm, ein hessischer Heimatdichter und -forscher, der unter anderem mit seiner Erzählung »Der Brombeermann« das Wanfrieder Maskottchen schuf, schon Anfang des 20. Jahrhunderts den Grundstein für das heutige Wanfrieder Heimatmuseum legte. Vielleicht war es ja auch nur der Wunsch des leidenschaftlichen Sammlerehepaares, ihre seit über 35 Jahren in einer Scheune deponierten, weltweit zusammengestoppelten Antiquitäten endlich in einem würdigen Rahmen zu präsentieren. Doch, was auch immer sie bewog: Das Resultat der Sanierung des heute nach dem Flurnamen »Kleegarten« benannten Franckeschen Anwesens ist auch nach Ansicht zahlreicher Denkmalpfleger so atemberaubend geschichtstreu und einfühlsam, dass sie dem Ensemble den Denkmalpreis des Landes Hessen und den Deutschen Preis für Denkmalschutz zuerkannten. Zu guter Letzt sei noch erwähnt, dass im Sog Pipp-art'schen Restaurierungselans die übrigen Heldraer Bürger ihre Grundstücke ebenfalls auf Hochglanz polierten. Für diese Aktivitäten wurde Heldra mit dem Deutschen Fachwerkpreis gewürdigt. Peu à peu avancierte der Ort so in den letzten Jahren zum geheimen Ausflugstipp einer heimatgeschichtlich interessierten Klientel, die längst nicht nur aus Hessen kommt. Doch die Besucher werden nicht allein vom

Anton Weber
Rosdorf

Barocke Wandmalerei im Landgrafensaal

Doch endlich must Scharmand, im Wasser wohs am tieffsten,
ihr Leben endlich gar mit groestem Leit beschliessen
DV. W

barocken Balkenwerk angelockt, sondern auch von der im Gutshof installierten »Herberge im Kleegarten«.

Erste Kunde dieses Restaurants ließ mich anfangs jedoch ziemlich kalt und das nicht nur, weil die Heldraer Flur nicht zu Thüringen gehört. Erfahrungsgemäß versuchen nämlich einige Hobbyrestauratoren einen Großteil ihrer Aufwendungen durch die Eröffnung eines gastronomischen Betriebes zu amortisieren. Da kostet so ein Süppchen »à la Nostalgika« schnell mal 7,50 Euro oder eine extra ordinäre Wurststulle, »wie sie Goethe, Schiller, Heine

»Jungwirtin« Dr. Sigrid Pippart

oder weiß Gott wer noch« liebte, soviel wie derzeit ein Reihenhaus in einer abseits gelegenen Thüringer Vogtei. Obendrein erfuhr ich, dass dort mit Stefan Wandt ein sicherlich nicht für einige Groschen arbeitender Edelkoch am Herd steht, der sich als Küchenmeister im gediegenen Coburger Schloß Hohenstein bereits einige Reputation erkocht hat.

Ressentiments, die der gebürtige Heldraer, den es nach zwölfjährigem »oberfränkischem Exil« zurück in seinen Heimatort zog, schon bei meinem ersten Besuch mit seiner herzhaften und gradlinigen Küche vom Tisch fegte. Vor allem die in den Sommermonaten zahlreichen Einkehrer die per pedes oder Drahtesel über den Werrawanderweg anreisen, singen ein Loblied auf deftige Eintöpfe, knusprige Schweinsbraten und unvergleichliche Heldraer Wurst, die der Koch sogar noch eine Stufe höher stellt – als vergleichbare Eichsfelder und Thüringer Spezialitäten. Er ist eben ein Lokalpatriot.

Übrigens, bei unseren Tests lagen die Preise für alle Hauptgerichte unter zehn Euro! Auch die Getränkepreise, mit denen manche Gastwirte ihre Gäste wie

Zwei »Hilfsdoktoren der Gastronomie«: Dr. Helmut Pippart und sein Kollege Dr. Werner Freund aus Diederode

Raubritter ausplündern, lassen mehrfaches Nachschenken zu. Und während wir noch im sonnigen Garten einen sahnigen süß-sauer angemachten Heldraer Salatteller nach Großmutters Art genossen, wehte aus dem Haus der verlockende Duft über Buchenholz gebackener Tarte flambées.
Bei aller Abgeschiedenheit – der Weg von Heldra in die weite Welt der Genüsse ist erstaunlicherweise wirklich nur ein Katzensprung . . . und sollte gegangen werden.

»Herberge im Kleegarten«

Familie Pippart
Vor der Lücke 1
37281 Wanfried-Heldra
Telefon: 0 56 55-92 34 44
www.herberge-im-kleegarten.de

Wie im letzten Beitrag angekündigt, machten wir uns zum Abschluss unserer Exkursion auf den Weg nach Schönhagen, um dort jene Käserei zu besuchen, deren erstaunliches Sortiment wir im Heiligenstädter Bergkloster verkosten durften.

Sehnsucht beim Abschied

33

Wiesenfeld

Als ob das Eichsfeld ahnte, dass dies unsere letzte »Dienstfahrt« auf den Spuren der Eichsfeldischen Gastronomie war, polierte die Sonne die gelben Rapsfelder auf Hochglanz.
Angekommen, wähnten wir uns augenblicklich im Paradies, denn der Anfang des 14. Jahrhunderts erstmals als »Schornbrandshayn« erwähnte Flecken liegt dermaßen malerisch am Eingang eines sich zur Leine hin öffnenden Tales, dass selbst mein kurzer Aufenthalt dort seither zu mehrfachen Sehnsuchtsattacken führte. Eine Naturidylle, die einst so nah an der innerdeutschen Grenze lag, dass deren Betreten selbst den Eichsfeldern vierzig Jahre lang verwehrt wurde. Da es auch nach der Wende kaum Menschen in diese Einsamkeit zog, ist der Ort bis heute noch nur über eine Einbahnstraße erreichbar.
Es war diese Abgeschiedenheit, die nach der friedlichen Revolution die ersten aus den alten Bundesländern angereisten Besucher im Eichsfeld empfing. Anfänglich frotzelten einige Spaßvögel sogar scherzhaft, warum so viele Schwestern und Brüder dieses romantische Fleckchen mit aller Macht verlassen wollten. Unter den ersten Neugierigen, die es in dieses grenznahe grüne Band zog, war auch eine landwirtschaftliche Studiengruppe aus Witzenhausen. Mittendrin Karin Weng, eine aufgeschlossene junge Bäuerin aus dem Nördlinger Ries, die damals – als Otto Normalverbraucher noch fälschlicherweise annahm, »Bio« wäre Körnerkost – gerade vom Virus des ökologischen Landbaus infiziert worden war.
Was sie im grenznahen Eichsfeld vorfand, erinnerte sie spontan an ihre Heimat, und in einem Anfall von grenzenlosem Mut und Abenteuerlust packte sie

Katholisches Gymnasium »St. Elisabeth«: heute in Trägerschaft des Bergklosters

1991 schnurstracks ihr bayerisches Bündel und verlegte den Mittelpunkt ihres weiteren Lebens in eine Region, die zahlreiche junge Menschen in jenen Tagen fluchtartig gen Westen verließen. Doch sie kam nicht allein. Auch andere Mitglieder ihrer Studiengruppe schlossen sich ihr an und zusammen gründeten sie in Schönhagen die »Kuhmuhne« – ein gemeinnütziger Verein, der sich dem ökologischen Landbau in Verbindung mit neuen pädagogischen Erziehungsmethoden, Kunst, Bildung sowie dem sozialorientierten Natur- und Landschaftsschutz verpflichtet fühlt. Doch die Mitglieder dieses auf den ersten Blick recht theoretisch anmutenden Konstrukts sind keine verträumten Gurus, die meditierend die Welt verbessern möchten. Im Gegenteil: es sind handfeste Kaufleute, die ihre mittlerweile drei gut eingeführten landwirtschaftlichen Betriebe nicht nur ausschließlich in bäuerlicher Tradition, sondern vor allem unter den Gesichtpunkten nachhaltiger Landwirtschaft betreiben.

Und das – wie im Fall der Karin Weng, die sofort nach der Umsiedlung damit begann eine Käserei aufzubauen – auch wirtschaftlich äußerst erfolgreich. Ihre nach den strengen Richtlinien des Ökoverbandes Demeter hergestellten »Eichsfelder Schnittkäse« sind längst deutschlandweit in gut sortierten Bio-

Karin Weng mit ökologischen Köstlichkeiten

Reife Leistung

läden gelistete Spezialitäten. Ein Erfolg, der letztlich auch darauf zurückzuführen ist, dass sie es verstanden hat, ortsansässige Bauern für ihre Ideen zu begeistern. So, wie den Landwirt Peter Mock in Wiesenfeld, der sich entschloss, seine Milch unter strengen biologischen Maßstäben zu produzieren. Ein Entschluss, der dazu führte, dass Peter Mock und Karin Weng seit 2003 in einer eigens dafür gegründeten GbR gemeinsame »Sache« machen. Seither zaubert die Karin ihre betörenden Käsesorten wie »Gute Laune« (mit Bärlauch, Thymian und Rosenblüten), »Knofigen« (Basilikum, Knoblauch) oder die »Würzigen« (grüner Pfeffer, Chili, Paprika) aus der zertifizierten Biomilch der Rotbunten des Wiesenfelder Milch-Peter.

Wer das leckere Resultat probieren möchte, kann das entweder im Hofladen in Wiesenfeld oder nach Absprache direkt bei Karin Weng in Schönhagen tun. Die Kontaktadressen finden Sie am Ende.

Eine Ost-West-Geschichte, die erfreulicherweise im Eichsfeld kein Einzelfall ist.

Als wir gut gestärkt Schönhagen verließen, sahen wir plötzlich die Kühe auf den sanften Hängen mit anderen Augen. Ja, frotzelten sogar, dass die überall wie Pilze aus dem Boden schießenden Windkrafträder eigens dafür installiert wurden, um dem buntgefleckten Weidevieh bei der anstrengenden Milchproduktion Frischluft zuzuwedeln.

Als wir das Eichsfeld verließen, machte sich Wehmut breit und wir stiegen an einem jener alten Wegkreuze aus dem Auto, um Abschied zu nehmen. Ließen noch einmal die vergangenen Monate Revue passieren und genossen den Augenblick. Und als plötzlich die Abendsonne durch die Wolken brach, war uns bewusst, wie sehr wir uns in die Landschaft und die Menschen verliebt hatten.

Wir werden wiederkommen!

Peter Mock & Karin Weng GbR

Dorfstraße 33
37308 Wiesenfeld
Telefon: 03 60 82 - 4 06 39
www.eichsfelder-schnittkaese.de
Mobiltel.: Karin Weng 01 62 - 7 10 48 91

Welch Glück, dass heute kein Freitag ist …

Dank

- Dieter Althaus, Thüringer Ministerpräsident
- Dr. Volker Sklenar, Thüringer Minister für Landwirtschaft, Naturschutz und Umwelt
- FM Fleischmarkt GmbH Aschara
- Bitburger Braugruppe GmbH
- Köstritzer Schwarzbierbrauerei GmbH
- Druckhaus Gera GmbH
- Kahla Thüringen Porzellan GmbH
- Zeitungsgruppe Thüringen
- Küchenmeister Achim Köhler
- Küchenmeister Andreas Motter
- Küchenmeister Christian Heumader
- Küchenmeister Marco Lange
- Dr. Hartmut Blumenauer
- Dr. Rolf Luhn
- Sandy Hochmal
- Lydia Keßner
- Josef Keppler
- Meinem Obertester Siegfried Drynda

Marcel Mende

• Allen den von uns getesteten Gastronomen, die oft gute Miene zum bösen Spiel machten.
• Meiner lieben Freundin Heike Opitz sowie ganz herzlich meinem Freund Marcel Mende für seine wunderbaren Bilder und Collagen.

Familie Kaiser

- Und natürlich meiner gesamten Familie, ohne die dieses Buch nie zustande gekommen wäre, sowie den zahlreichen anonym bleibenden Helfern, da deren Aufzählung sicherlich allein zehn Seiten füllen würde.

Meinen herzlichen Dank

Matthias Kaiser